Heiner Abels · Horst Degen
Übungsprogramm Wirtschaftsstatistik

MODERNE LEHRTEXTE:
WIRTSCHAFTSWISSENSCHAFTEN

Heiner Abels · Horst Degen

Übungsprogramm Wirtschaftsstatistik

Studienprogramm Statistik für Betriebs- und Volkswirte

Gabler Verlag

© 1978 Betriebswirtschaftlicher Verlag Dr. Th. Gabler, Wiesbaden
Umschlaggestaltung: Hanswerner Klein, Opladen
Druck und Buchbinderei: Lengericher Handelsdruckerei, Lengerich/Westf.
Printed in Germany
ISBN 3 409 27061 2

Inhaltsverzeichnis

Vorwort

Es existieren zur Zeit eine Reihe von deutschsprachigen Aufgabensammlungen bzw. Übungsprogrammen zur ‚Statistischen Methodenlehre'*. Dagegen fehlt ein entsprechendes Angebot für die ‚Wirtschaftsstatistik'. Diese Lücke soll das hier vorgelegte Übungsprogramm schließen, das sich in erster Linie an den Studenten richtet. Ein derartiger Text kann mit unterschiedlichen Intentionen benutzt werden:

1. Vorlesungsbegleitendes Durchrechnen von Übungsaufgaben,
2. Studium von Fragen und Antworten (ohne Durchrechnen) als Lehrbuchersatz oder -ergänzung,
3. Prüfungsvorbereitung (Kennenlernen des Niveaus der Fragen und des persönlichen Zeitbedarfs),
4. Nachschlagen von Beispielen zur Beseitigung von Unklarheiten.

Da entsprechend diesen vier Verwendungsmöglichkeiten von unterschiedlichen Konzeptionen einer Aufgabensammlung auszugehen ist, wurde der folgende Kompromiß geschlossen.

Die wesentlichen Aspekte aller vier Formen werden im Übungsprogramm gleichzeitig berücksichtigt. Das heißt im einzelnen:

ad 1: Der Aufbau der Sammlung soll mit der typischen Gliederung einer wirtschafts-statistischen Vorlesung korrespondieren, wie z. B.: die Darstellung der benötigten statistischen Methoden (Mittelwerte, Streuungsmaße, Indexzahlen), das Sachgebiet der amtlichen Statistik in der BRD, der Gegenstand der wichtigsten Teilbereiche (Preise, Nachfrage, Produktion, Erwerbstätigkeit, Einkommen, Produktivität, Außenhandel usw.) und die Volkswirtschaftlichen Gesamtrechnungen.

ad 2: Jeder Bereich oder jedes Kapitel soll über das zugehörige Basiswissen vollständig, wenn auch nicht unbedingt erschöpfend informieren. Hinweise (mit Angabe von Seitenzahlen) auf vorbereitende und weiterführende Literatur werden fallweise im Rahmen der Lösungen gegeben. Die einzelnen Kapitel sollen so gegliedert sein, daß Rechenaufgaben auf Informationsträgeraufgaben aufbauen und sich daran Interpretationsaufgaben sowie Wiederholungsfragen anschließen.

---

* Vgl. etwa: *Basler, H.:* Aufgabensammlung zur statistischen Methodenlehre und Wahrscheinlichkeitsrechnung, Würzburg und Wien 1975 oder *Reichardt, A.:* Übungsprogramm zur Statistischen Methodenlehre, 2. Aufl., Opladen 1976.

ad 3: In jedem Kapitel sollen gegen Ende Rechen- und Interpretationsaufgaben gestellt werden, die komplizierter und umfangreicher sind und als Prüfungsaufgaben aufgefaßt werden können. Das Niveau dieser Aufgaben wurde festgelegt nach Durchsicht von Prüfungsklausuren der letzten Jahre verschiedener Universitäten in der Bundesrepublik Deutschland.

ad 4: Ein Stichwortverzeichnis soll auf Einzelaufgaben oder Aufgabengruppen verweisen, in denen der angesprochene Begriff behandelt wird. Als Konsequenz hieraus soll einer größeren Anzahl kurzer, in sich abgeschlossener Aufgaben der Vorzug gegeben werden gegenüber umfangreicheren, im Zahlenmaterial miteinander verbundenen Aufgaben.

Um die Motivation und das Interesse der Benutzer möglichst lange wachzuhalten, werden eine Vielzahl unterschiedlicher Aufgabentypen in abwechselnder Folge angeboten, wie Freiantwort-, Assoziations-, Ergänzungs-, Substitutions-, Identifikations-, Alternativ-, Antwortauswahl-, Ergänzungsauswahl-, Zuordnungs-, Umordnungs-, Interpretations- und Rechenaufgaben*.

Die beiden ersten Abschnitte über die benötigten statistischen Methoden beschränken sich auf die Vermittlung oder Wiederauffrischung der wesentlichen Kenntnisse dreier Gebiete der deskriptiven Statistik: Mittelwerte, Streuungsmaße und Indexzahlen.

Der letzte Abschnitt über die Volkswirtschaftlichen Gesamtrechnungen wurde betont knapp gehalten, da dieser Problemkreis Bestandteil der volkswirtschaftstheoretischen Ausbildung im Grundstudium ist und entsprechende Aufgabensammlungen vorliegen**.

Das Zahlenmaterial ist (soweit in der Aufgabenstellung nicht anders vermerkt) dem Statistischen Jahrbuch für die Bundesrepublik Deutschland 1975 entnommen und kann von interessierten Studenten somit leicht (als Nachschlageübung) kontrolliert werden.

Wenn wir auch für die Form und den Inhalt dieses Übungsprogramms allein verantwortlich sind, so möchten wir doch an dieser Stelle allen Personen danken, die maßgeblichen Anteil am Zustandekommen dieses Textes haben.

Dank schulden wir Herrn Professor Dr. H. Reichardt, den Studenten unserer Kolloquien zur ,Wirtschaftsstatistik' vom WS 1975/76 bis zum WS 1976/77 und Frau Karin Krauß für ihre Mühe und Sorgfalt bei der Anfertigung des reproduktionsreifen Textes.

Heiner Abels / Horst Degen

---

* Zur Klassifizierung der Aufgabentypen vgl. etwa *Rütter, Th.:* Formen der Testaufgabe, München 1973.

** Vgl. etwa: *Schmidt, B. A.:* Arbeitsbuch zu Stobbe, Volkswirtschaftliches Rechnungswesen, Berlin, Heidelberg, New York 1970.

Zum Gebrauch

Dieses Übungsprogramm zur Wirtschaftsstatistik ist in zwei Teile aufgestellt: in einen **oberen** Buchteil und in einen **unteren** Buchteil. Der obere Buchteil enthält fortlaufend die Kapitel 1 bis 6, der untere Buchteil die Kapitel 7 bis 12. Beide Buchteile sind durch einen deutlichen Trennstrich in der Mitte einer jeden Seite voneinander abgegrenzt. Der Benutzer arbeitet demnach entweder ausschließlich im oberen Buchteil oder ausschließlich im unteren Buchteil, jedoch niemals gleichzeitig in beiden.

Für dieses Konzept sprechen folgende Gesichtspunkte:

1. Fragen (F) mit ihren Lösungen (L) werden fortlaufend hintereinander angeordnet.
2. Frage und zugehörige Lösung stehen in keinem Fall auf der jeweils aufgeschlagenen Seite.
3. Der Umfang des Buches ist nicht durch beinahe leere Seiten unnötig vergrößert.

1. METHODISCHE GRUNDLAGEN I

(Sachliche und örtliche Beschreibung)

F 1.o1

Vervollständigen Sie die Übersicht auf der gegenüber-
liegenden Seite, indem Sie die folgenden Begriffe zu-
ordnen:

- Gliederungszahlen (Quoten),
- Wachstumsraten,
- Meßzahlen,
- Gliedzahlen,
- Beziehungszahlen,
- Erste Differenzen.

---

7. EINKOMMENSENTWICKLUNG

F 7.o1

Im folgenden werden vier Einkommensbegriffspaare (wie
etwa: Bruttoeinkommen und Nettoeinkommen) betrachtet.
Um welche Gegenüberstellungen handelt es sich jeweils
in den Abschnitten a) bis d), die leicht gekürzt dem
Artikel "Einkommen" von E. Schuster (Handwörterbuch der
Sozialwissenschaften, Band 3, Stuttgart, Tübingen und
Göttingen 1961, S. 53 ff.) entnommen sind. Ergänzen Sie
die fehlenden Begriffe an den mit ..... gekennzeichneten
Stellen!

a) Die Unterscheidung von .....einkommen und .....ein-
   kommen ist keine nach Artunterschieden, sondern nach
   der Bemessung. .....einkommen ist die Gesamtsumme
   der Einkünfte, die rechtmäßig dem Haushalt zustehen,

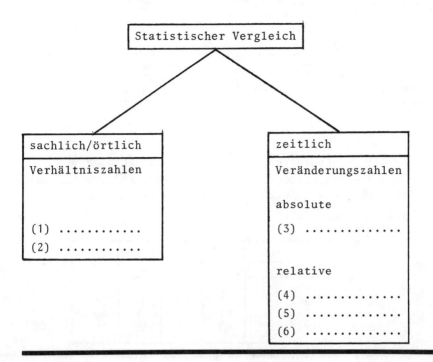

sachlich/örtlich	zeitlich
Verhältniszahlen	Veränderungszahlen
	absolute
(1)	(3) ....
(2)	
	relative
	(4) ....
	(5) ....
	(6) ....

während .....einkommen das Gesamteinkommen abzüglich
der aus dem Einkommen zu zahlenden direkten Steuern
und Sozialabgaben ist. Die Differenz zwischen .....-
und .....einkommen ist aber nicht gleich dem Gesamtbetrag, den der Einkommensbezieher für den Staat und
die Sozialversicherung aufzubringen hat. Daraus ergibt sich, daß .....einkommen zwar etwas aussagt über
den aktiven Verhaltensspielraum des einzelnen Ein-
kommensbeziehers, aber keineswegs alles über seine
Existenzmöglichkeit, da diese vom .....einkommen und
den Leistungen des Staates mitbestimmt ist.

b) .....einkommen und .....einkommen zu unterscheiden,
ist notwendig, um bei räumlichen und zeitlichen Vergleichen den Geldwertänderungen und Geldwertunter-
schieden Rechnung zu tragen. Beim .....einkommen
wird nur der Geldbetrag des Einkommens ver-

(Forts. n. S.)

L 1.o1

Gliederungszahlen (Quoten) und Beziehungszahlen: (1),(2)
Erste Differenzen: (3)
Meßzahlen, Gliedzahlen und Wachstumsraten: (4),(5),(6).

F 1.o2

In der folgenden Tabelle sind für die Jahre 197o bis
1973 die Beschäftigtenzahlen (in Tsd., fiktive Zahlen)
für die 4 Unternehmen A, B, C und D eines Industriezwei-
ges zusammengefaßt.

Unternehmen Jahr	A	B	C	D
1970	13	5	33	49
1971	15	3	37	6o
1972	21	5	39	65
1973	23	3	44	6o

glichen. Beim .....einkommensvergleich wird dagegen der Geldbetrag der Einkommensveränderung kombiniert mit Preisindizes, um festzustellen, ob die
Veränderung des Einkommens eine reine Zahlenverände-
rung oder eine sachliche Veränderung der Existenzbe-
dingungen bedeutet.

c) Bei dem Begriff des .....einkommens handelt es sich
nicht um eine besondere Art des Einkommens, sondern
um die Relativierung des Einkommens. Es sind drei Be-
deutungen dieses Begriffs zu unterscheiden: erstens
die, in der Einkommen bezogen wird auf die Zahl der
aus dem Einkommen lebenden Familienmitglieder, die
zur Entstehung des Einkommens nicht beigetragen haben; zweitens .....einkommen bezogen auf die Zahl
der Familienmitglieder, die als mithelfende Familienangehörige an der Entstehung des Einkommens mitge-
wirkt haben; drittens .....einkommen gleich Summe

Benutzen Sie die im folgenden angeführten Grundformen
der graphischen Darstellung wirtschaftsstatistischer
Zahlen zur Beschreibung:

a) der Beschäftigtenzahlen der Unternehmen A bis D
   im Jahre 1972 und

b) der Entwicklung der Beschäftigtenzahlen im Unternehmen A in den Jahren 197o bis 1973!

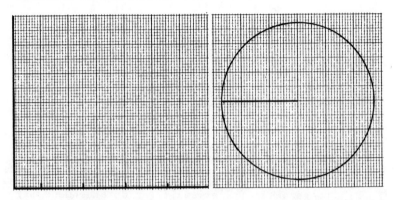

der Einkommen, die in einer Familie, die einen ge-
meinsamen Haushalt führt, zusammenkommen.

d) Wenn Einkommen alle Einkünfte sind, die in den Haushalt eingehen, so ist in diesem Zusammenhang der
   Entstehungsunterschied zu beachten, daß es Einkünfte
   gibt, die aus einer direkten oder indirekten Beteiligung am Wirtschaftsprozeß kommen, und solche, bei
   denen keine Beteiligung am Wirtschaftsprozeß besteht.
   Die letztere Einkommensart wird ..... Einkommen genannt im Gegensatz zum ..... Einkommen, das auf einer
   Mitwirkung bzw. aktiven Beteiligung am Wirtschaftsprozeß beruht. Es ist allerdings nicht richtig, ...
   Einkommen allgemein mit Einkommensredistribution
   gleichzusetzen.

L 1.o2

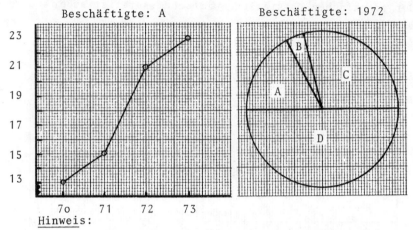

Beschäftigte: A   Beschäftigte: 1972

Hinweis:

a) Zur Darstellung der Beschäftigtenstruktur des
   Jahres 1972 eignet sich insbesondere das Kreis-
   diagramm. Die (Zentri-) Winkel werden durch Mul-
   tiplikation der relativen Häufigkeiten (Gliederungszahlen!) des jeweiligen Unternehmens mit
   36o (Grad) bestimmt. Somit betragen die (Zentri-)

L 7.o1

Im Teil a) ist das Begriffspaar Bruttoeinkommen und
Nettoeinkommen angesprochen. Im Text ist (in dieser
Reihenfolge) einzusetzen: Brutto-, Netto-, Brutto-,
Netto-, Brutto-, Netto-, Netto-, Brutto-.

Im Teil b) handelt es sich um die Begriffe Nominal-
und Realeinkommen. Im Text ist (in dieser Reihenfolge)
einzusetzen: Nominal-, Real-, Nominal-, Real-.

Im Teil c) werden die Abgrenzungen Haushalts- (oder
Familien-) und Individual- (oder Einzel-)einkommen be-
trachtet. Im Text ist nur einzusetzen: Haushalts- oder
Familien-.

Teil d) beschäftigt sich mit dem Begriffspaar originäres und abgeleitetes Einkommen. Im Text ist (in dieser
Reihenfolge) einzusetzen: abgeleitetes, originäres, abgeleitetes. Die Begriffe abgeleitetes und originäres
Einkommen sind nicht identisch mit den (etwa in den
Volkswirtschaftlichen Gesamtrechnungen) Begriffen Fak-
toreneinkommen und Transferzahlungen.

Literatur: SCHUSTER, E.: Einkommen, in: Handwörterbuch
           der Sozialwissenschaften, Band 3, Stuttgart,
           Tübingen und Göttingen 1961, S. 53-59.

14

Winkel für das Unternehmen A bis D (in Grad):
a = 58,2; b = 13,8; c = 1o8,o und d = 18o,o.

b) Die Entwicklung der Beschäftigtenzahlen im Unternehmen A in den Jahren 197o bis 1973 läßt
   sich in der Form eines Zeit(reihen-)diagramms
   graphisch veranschaulichen. Dabei werden in der
   Regel auf der Abszisse die Zeitpunkte bzw. die
   Zeiträume abgetragen.

F 1.o3

Gegeben sind die folgenden fiktiven Zahlen für ein Unternehmen (Januar 1975):

- Zahl der Arbeiter   56o
- Zahl der Angestellten   44o
- Lohnsumme (in Mio DM)   1,148
- Gehaltssumme (in Mio DM)   1,232

Berechnen Sie je zwei sinnvolle Gliederungszahlen und
Beziehungszahlen!

F 7.o2

Wirtschaftsstatistische Angaben über die Einkommenshöhe
und die Einkommensentwicklung lassen sich wie folgt ermitteln:

a) Abstellen auf Sekundärstatistiken,
b) Erfassung der Geldeinkommen bei den Einkommensbezie-
   hern und
c) Erfassung der Geldeinkommen an der Einkommensquelle.

Nennen Sie zu den Punkten a) bis d) jeweils typische
Beispiele für Statistiken, die im Rahmen der amtlichen
statistischen Arbeit in der Bundesrepublik Deutschland
erstellt werden!

L 1.o3

Gliederungszahlen:

Anteil der Arbeiter an der Zahl der Beschäftigten insgesamt: 56o/1ooo = o,56 oder 56 %.

Anteil der Angestellten an der Zahl der Beschäftigten
insgesamt:44o/1ooo = o,44 oder 44 %.

Anteil der Lohnsumme an der Höhe der Verdienste insgesamt: 1,148/2,38o = o,48 oder 48 %.

Anteil der Gehaltssumme an der Höhe der Verdienste insgesamt: 1,232/2,38o = o,52 oder 52 %.

Beziehungszahlen:

Durchschnittslohn (Lohnsumme im Verhältnis zur Zahl der
Arbeiter): 1,148/56o = 2o5o DM.

Durchschnittsgehalt (Gehaltssumme im Verhältnis zur Zahl
der Angestellten): 1,232/44o = 28oo DM.

Verhältnis von Arbeitern zu Angestellten:
56o/44o = 1,27.

Literatur: SACHS, L.: Angewandte Statistik (Planung und
Auswertung, Methoden und Modell, 4. Aufl. der
'Statistischen Auswertungsmethoden'), Berlin,
Heidelberg, New York 1974, S. 24.

L 7.o2

a) Statistik der Tariflöhne und -gehälter, Einkommens-
und Lohnsteuerstatistik,

b) Primär Erfassung des Haushaltseinkommens durch:
Einkommens- und Verbrauchsstichproben bzw. Laufende
Wirtschaftsrechnungen privater Haushalte,

c) Primär Erfassung der Einzeleinkommen durch: Zensus
im Produzierenden Gewerbe, Monatlicher Industriebericht, Lohn- und Gehaltsstrukturerhebung bzw. Laufende Verdienststatistik.

Literatur: LIPPE, P. v. d.: Wirtschaftsstatistik,
2. Aufl., Stuttgart und New York 1977,
S. 223-23o.

Hinweis:

L. Sachs schreibt auf S. 24:

"Verhältniszahlen oder Relativzahlen ... sind Quotien-
ten zweier Kenngrößen oder Maßzahlen, von denen jede
für sich einen bestimmten Sachverhalt beschreibt.
Häufig werden sie mit 1oo oder 1ooo multipliziert, so
daß sich Prozent- oder Promillewerte ergeben.
Man kann die folgenden Arten unterscheiden:

1) Gliederungszahlen, die das zahlenmäßige Verhältnis
   einer Teilmenge zur zugehörigen Gesamtmenge ausdrücken, z. B. den Anteil der Lebendgeborenen an
   der Gesamtzahl der Geburten.

2) Beziehungszahlen, die das zahlenmäßige Verhältnis
   verschiedenartiger Mengen, die logisch miteinander
   verknüpft sind, ausdrücken, z. B. den Anteil der
   Lebendgeborenen an der Gesamtzahl der Wohnbevölkerung".

F 7.o3

R. Wagenführ betont in der Wirtschafts- und Sozialsta-
tistik (Band 2, Freiburg 1973, S. 53), daß die mit den
Gewinnen zusammenhängenden Tatbestände in der amtlichen
Statistik der Bundesrepublik Deutschland mit außerordent-
licher Diskretion behandelt werden. Es heißt dort: "Die
Statistik der Profite gehört in der Bundesrepublik
Deutschland zu den unterentwickelten Zweigen der Wirt-
schaftsstatistik".

In welchem Rahmen stellt das Statistische Bundesamt Da-
ten über die Gewinnentwicklung in der Bundesrepublik
Deutschland kurzfristig (jährlich und unterjährig) zur
Verfügung? Wie lauten die entsprechenden Abgrenzungen?

Die folgenden Mittelwerte sind Kennzahlen zur Beschreibung der zentralen Tendenz einer statistischen Masse:

1. Modus — Der am häufigsten auftretende Beobachtungswert einer statistischen Masse.

2. Median — Werden alle Beobachtungswerte einer statistischen Masse der Größe nach geordnet, so liegen 5o % unterhalb dieses Punktes.

3. Arithmetisches Mittel — Die aufsummierten Beobachtungswerte werden durch ihre Anzahl dividiert.

4. Geometrisches Mittel — Die n-te Wurzel wird aus dem Produkt der n Beobachtungswerte gezogen.

5. Harmonisches Mittel — Die Anzahl der Beobachtungswerte wird durch die Summe der Kehrwerte der Beobachtungswerte dividiert.

L 7.o3

Im Rahmen der Volkswirtschaftlichen Gesamtrechnungen wird das Volkseinkommen unterteilt in Bruttoeinkommen aus unselbständiger Arbeit und in Bruttoeinkommen aus Unternehmertätigkeit und Vermögen. Dabei werden die Gewinneinkommen (Bruttoeinkommen aus Unternehmertätigkeit und Vermögen) im Wege der Differenzbildung als Restgrösse ermittelt.

F 7.o4

In der folgenden Tabelle sind die Wachstumsraten (Veränderungsraten im Vorjahresvergleich, geglättet durch einen gleitenden 3-Jahres-Durchschnitt)
- des Bruttoeinkommens aus Unternehmertätigkeit und Vermögen (Reihe A) und
- des Bruttoeinkommens aus unselbständiger Arbeit (Reihe B)
für die Jahre 1964 bis 1971 zusammengestellt.

Ordnen Sie die folgenden Vor- und Nachteile den angeführten Mittelwerten zu (mehrmaliges Verwenden erlaubt):

Vorteile

a) Alle Daten werden verwendet

b) Extremwerte ("statistische Ausreißer") bleiben unberücksichtigt

c) Es brauchen nicht alle Beobachtungswerte bekannt zu
   sein

d) Ist immer berechenbar

e) Besonders geeignet für mathematische Umrechnungen

Nachteile

k) Kann u. U. in einen Bereich fallen, in dem er die
   statistische Masse nicht repräsentiert, weil dort
   keine Häufung von Beobachtungswerten vorliegt

l) Schlecht geeignet für mathematische Umrechnungen

m) Bei gruppierten Daten schlecht zu ermitteln

n) Bei Beobachtungswerten mit unterschiedlichen Vorzeichen nicht berechenbar oder ohne Aussagekraft

o) Die Verteilung der statistischen Masse bleibt weitgehend unberücksichtigt

---

Stellen Sie die beiden Zeitreihen graphisch im vorgegebenen Koordinatensystem dar und interpretieren Sie (in
Stichworten) das Ergebnis!

Jahre	1964	1965	1966	1967	1968	1969	1970	1971
Reihe A	7,8	7,2	3,5	6,6	7,7	11,3	7,2	7,7
Reihe B	9,0	9,1	6,0	5,0	6,7	12,6	14,6	13,6

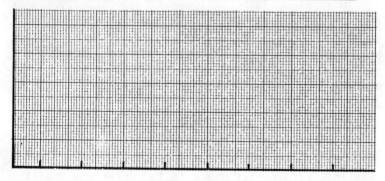

L 1.o4

1: b), c), 1), m), o;   4: a), k), n);

2: b), c), d), k), 1), m);   5: a), k), n).

3: a), d), e), k);

Hinweis

  Arithmetisches Mittel, geometrisches Mittel und harmonisches Mittel werden auch als rechnerische Mittelwerte bezeichnet, Modus und Median als lagetypi-
  sche Mittelwerte.

  Das arithmetische Mittel ist der wichtigste der hier
  angeführten Mittelwerte. Neben den betrachteten Vor-
  und Nachteilen ist insbesondere auf die folgenden
  Eigenschaften hinzuweisen:

  a) die Summe der Abweichung der Beobachtungswerte
     vom arithmetischen Mittel ist Null und

  b) die Summe der quadrierten Abweichung der Beobach-
     tungswerte vom arithmetischen Mittel stellt ein
     Minimum dar (in Bezug auf die Verwendung eines
     anderen Mittelwertes!).

Literatur: BARTEL, H.: Statistik I (für Psychologen,
           Pädagogen und Sozialwissenschaftler),
           Stuttgart 1971, S. 31 - 41.

L 7.o4

Für den Zeitraum 1964 bis 1971 zeigt sich:

- zyklischer Verlauf beider Reihen,

- über einen Wendepunktvergleich: Nachlauf des Bruttoeinkommens aus unselbständiger Arbeit um ca. 1 Jahr
  gegenüber dem Bruttoeinkommen aus Unternehmertätigkeit
  und Vermögen (Lohn-Lag!),

- stärkere Schwankungen (größere Amplituden) und höheres
  Niveau (größere durchschnittliche Wachstumsrate) des
  Bruttoeinkommens aus unselbständiger Arbeit.

F 7.o5

Ordnen Sie den folgenden Zahlen je einen großen und kleinen Buchstaben zu!

1) Zensus im Warenproduzierenden Gewerbe

2) Monatlicher Industriebericht

3) Kostenstrukturerhebung

4) Laufende Verdiensterhebung in Industrie und Handel

Die im Dorf A lebenden 8 Familien haben im Januar 1975
die folgenden Einkommen (fiktive Werte in DM) erzielt:

Familie	Einkommen
1	15oo
2	6oo
3	19oo
4	16oo
5	3oooo
6	6oo
7	17oo
8	165o

Berechnen Sie für den Januar 1975 das mittlere Einkommen im Dorf A !

5) Lohn- und Gehaltsstrukturerhebung in der gewerblichen Wirtschaft und im Dienstleistungsbereich
6) Statistik der Tariflöhne und -gehälter

a) jährlich, halb- oder vierteljährlich, monatlich
b) in 3- bis 5-jährigen Abständen

A) Bruttosumme der Löhne und Gehälter im Warenproduzie-
   renden Gewerbe
B) Bruttosumme der Löhne und Gehälter in der Industrie
C) Indizes der durchschnittlichen Bruttoverdienste der
   Arbeiter und Angestellten in Industrie (und Handel)
D) Durchschnittliche Bruttomonatsverdienste für Ange-
   stellte und Arbeiter
E) Indizes der Tariflöhne und -gehälter in der gewerb-
   lichen Wirtschaft und bei den Gebietskörperschaften
F) Löhne und Gehälter in der Industrie und im Handel

L 1.o5

Ordnet man die Beobachtungswerte der Größe nach, so scheint das mittlere Einkommen im Dorf A im Januar 1975 etwa 16oo bis 17oo DM zu betragen. Für die Mittelwerte ergibt sich:

Arithmetisches Mittel:
$(15oo+6oo+\ldots+17oo+165o) : 8 = 4943,75$ DM

Harmonisches Mittel:
$8 : [(1/15oo)+(1/6oo)+\ldots+(1/165o)] = 1254,13$ DM

Geometrisches Mittel:
$(15oo \cdot 6oo \cdot \ldots \cdot 17oo \cdot 165o)^{(1/8)} = 1851,57$ DM

Modus: 6oo DM

Median: $(16oo+165o) : 2 = 1625$ DM

Arithmetisches Mittel ohne den "Ausreißer" 3oooo DM:
$(15oo+6oo+19oo+16oo+6oo+17oo+165o) : 7 = 1364,29$ DM.

Es zeigt sich, daß im vorliegenden Fall weder der Modus (kleinster Beobachtungswert) noch das arithmetische Mittel (wegen des "Ausreißers" zu hoher Durchschnittswert) zu plausiblen Ergebnissen führen. Für die Anwendung des geometrischen oder harmonischen Mittels sind die spezifischen Voraussetzungen hier nicht gegeben (vgl. F 1.o7). Der Median scheint noch am besten die mittlere Tendenz zu beschreiben.

L 7.o5

1): b), A);   2): a), B);   3): a), D);   4): a), C);
5): b), F);   6): a), E).

Hinweis:

LIPPE, P. v. d. (Wirtschaftsstatistik, 2. Aufl., Stuttgart und New York 1977, S. 227) weist u. a. auch für die amtlichen Einkommensstatistiken in der Bundesrepublik Deutschland hin auf "das Nebeneinander einer

- laufenden Erhebung mit geringem Fragenprogramm, um kurzfristige Durchschnittsangaben und Konjunkturindikatoren zu liefern: die laufenden Verdiensterhebungen und einer

- Strukturerhebung, die in mehrjährigen Abständen mit aufwendigerem, detaillierterem und z. T. wechselndem Fragenprogramm wiederholt wird: die Lohn- und Gehaltsstrukturerhebungen; sie sollen vor allem folgende durch die laufenden Verdiensterhebungen offengelassenen Lücken schließen: Darstellung der Schichten der Einkommen, Ermittlung weiterer Bestimmungsfaktoren der Verdienste (...) und der Nettoeinkommen".

Unter welchen Voraussetzungen gelten die folgenden
Schreibweisen für die gewichteten (rechnerischen) Mittelwerte?

a) Gewichtetes arithmetisches Mittel (GAM):

$$\sum_{i=1}^{n} x_i w_i$$

b) Gewichtetes harmonisches Mittel (GHM):

$$1 : (\sum_{i=1}^{n} w_i / x_i)$$

c) Gewichtetes geometrisches Mittel (GGG):

$$\prod_{i=1}^{n} x_i^{w_i}$$

Dabei sind x_i die Beobachtungswerte i = 1,2, ... ,n
und w_i die zugehörigen Gewichte.

Zur Bruttosumme der Löhne und Gehälter in der Industrie
(Monatlicher Industriebericht) zählen:

	ja	nein
a) die Pflichtanteile der Arbeitgeber zur Sozialversicherung	☐	☐
b) Weihnachtsgeld	☐	☐
c) Kindergeld	☐	☐
d) freiwillige soziale Leistungen der Arbeitgeber (Kindergarten, Sportanlagen u. ä.)	☐	☐
e) Zulagen für Akkord- und Schichtarbeit	☐	☐
f) Gratifikationen und Dividenden	☐	☐
g) Zulagen für Sonn- und Feiertagsarbeit	☐	☐
h) tarifliche Lohn- und Gehaltssumme einschl. innerbetrieblicher Zulagen auf die tarifliche Lohn- und Gehaltssumme	☐	☐

L   1.o6

Es muß für a) bis c) gelten $\sum\limits_{i=1}^{n} w_i = 1$.

Es ist jeweils ein Mittelwert zu berechnen.

Streichen Sie die falschen Lösungen durch!

a) Betrachtet werden 3 Güter. Die Preisänderungen dieser Güter zwischen 197o und 1975 werden durch die folgenden Preismeßzahlen (Basis 197o) beschrieben: 2,o; 8,o und o,5.
Die durchschnittliche Preisänderung beträgt:

   2   3,5   4

b) Ein Kraftfahrer tankt nacheinander bei 4 Tankstellen. Die Benzinpreise (DM pro Liter) betragen o,7o, o,8o, o,9o und 1,oo. Wenn der Kraftfahrer bei jeder Tankstelle 2o 1 Bezin tankt, beträgt der Durchschnittspreis:

   o,85   o,9o   o.835

L   7.o6
Nein: a), c), d).

Im Rahmen der laufenden Verdienststatistik in der gesamten Industrie und im Handel berechnet das Statistische Bundesamt vierteljährlich (z. Z. Basis 197o) u. a. einen Index der durchschnittlichen Bruttostundenverdienste der Arbeiter in der Industrie. Formelmäßig kann die Berechnung wie folgt dargestellt werden:

$\sum[v_i(t)/v_i(o)] \cdot g_i \cdot$ 1oo

mit $g_i = v_i(o) \cdot A_i(t) : \sum v_i(o) \cdot A_i(o)$

$= [$1oo $\sum v_i(t) \cdot A_i(o)] : [\sum v_i(o) \cdot A_i(o)]$

i = 1,2,...,m; o: Basisperiode; t: Berichtsperiode;
v_i: Bruttostundenverdienst; A_i: Zahl der Arbeiter.

c) Ein Kraftfahrer tankt nacheinander bei 4 Tankstellen. Die Benzinpreise (DM pro Liter) betragen o,7o, o,8o, o,9o und 1,oo. Wenn der Kraftfahrer bei jeder Tankstelle für 1o DM tankt, beträgt der mittlere Preis:

o,85   o,9o   o,835

d) Neun Studenten erzielen in einer Statistikklausur folgende Noten: 4, 2, 3, 4, 2, 5, 4, 2, 4. Die Durchschnittsnote beträgt:

4   3,33   3,5

e) Ein Unternehmen erhöht die Preise des Gutes A (monatl. Absatz 2ooo Stück) um o,6o DM, des Gutes B (2o Stück) um o,2o DM. Die durchschnittliche Erhöhung beträgt:

o,4o   o,54   o,6o

f) Bei 1ooo untersuchten Verkehrsunfällen lag folgende Altersstruktur der Verkehrsteilnehmer vor: 35o waren zwischen 2o und 3o Jahre alt, 2oo zwischen 3o und 4o, 1oo zwischen 4o und 5o und 35o zwischen 5o und 6o. Das mittlere Alter beträgt:

39,5   4o   35

Welche der folgenden Behauptungen sind richtig?

	richtig
a) Der Index wird nach dem Paasche-Verfahren berechnet.	☐
b) Der Summationsindex i läuft über eine begrenzte Zahl von Arbeitergruppen.	☐
c) Es wird das Individualverfahren benutzt.	☐
d) $v_i(o)$ bzw. $v_i(t)$ bezeichnen den durchschnittlichen Bruttostundenverdienst je Arbeiter (in der Gruppe i) in der Basis- bzw. der Berichtsperiode.	☐
e) $A_i(o)$ bezeichnet die Zahl der Arbeiter in der Industrie (in der Basisperiode).	☐
f) Der Summationsindex i läuft über die Zahl der Arbeiter in der Industrie.	☐

L 1.07

a) Richtig: 2 (Verdoppelung!). Es ist das geometrische
Mittel zu berechnen, das bei (relativen) Veränderungszahlen, die sich sinnvoll multiplikativ verknüpfen lassen (Meßzahlen, Gliedzahlen) zum richtigen Ergebnis führt. Im vorliegenden Fall ist der
Mittelwert aus 2,0 (Verdoppelung), 8,0 (Verachtfa-
chung) und 0,5 (Halbierung) zu berechnen. Diese
Werte lassen sich durch den Faktor 4 sinnvoll multiplikativ miteinander verknüpfen.

b) Richtig: 0,85 DM/L. Es ist das arithmetische Mittel
zu berechnen, da aus der Dimension der Beobachtungswerte (DM/L) der Nenner (die Literzahl) in der Aufgabenstellung fest vorgegeben ist.

c) Richtig: 0,835 DM/L. Es ist das harmonische Mittel
zu berechnen, da aus der Dimension der Beobachtungswerte (DM/L) der Zähler (der DM-Betrag) in der Aufgabenstellung fest vorgegeben ist.

Hinweis:

Ist der Zähler der Dimension fest vorgegeben, so
kann in jedem Fall auch ein gewichtetes arithmetisches Mittel benutzt werden, wenn die Gewichte über
den (in der Aufgabenstellung nicht fest vorgegebenen)
Nenner der Dimension bestimmt werden. Im vorliegen-

L 7.07

Richtig: b), d).

Hinweis:

Aus den Ergebnissen der laufenden Verdienststatistik
in der gesamten Industrie und im Handel berechnet
das Statistische Bundesamt vierteljährlich die folgenden 'Indizes der Effektivverdienste':

1) Index der durchschnittlichen Bruttomonatsverdienste der Angestellten in Industrie und Handel,
2) Index der durchschnittlichen Bruttostundenverdienste der Arbeiter in der Industrie,
3) Index der durchschnittlichen Bruttowochenverdien-
   ste der Arbeiter in der Industrie und
4) Index der durchschnittlich bezahlten Wochenstunden der Arbeiter in der Industrie.

Die Arbeiter und Angestellten werden (u. a. diffe-
renziert nach Geschlecht und 3 bis 5 Leistungsgruppen) in Beschäftigtengruppen eingeteilt. Von den Be-
richtsbetrieben sind die tatsächlich gezahlten Bruttoverdienste (Durchschnittseinkommen) bzw. die (durchschnittlich) bezahlten Wochenstunden je Beschäftig-
tengruppe zu melden (Summenverfahren). Bei den Indizes wird vom Laspeyres-Ansatz ausgegangen.

26

den Fall sind demnach als Gewichte die je Tankstelle gekauften Liter zu verwenden: 14,3; 12,5; 11,1 und 1o,o.

d) Richtig: 4. Es ist auf den Median abzustellen, der im vorliegenden Fall mit dem Modus zusammenfällt, da die Beobachtungswerte in der Form von Rangzahlen vorliegen. Allgemein gilt, daß bei ordinal skalierten Beobachtungswerten das arithmetische Mittel nicht verwendet werden sollte.

e) Richtig: o,6o DM. Es ist zweckmäßigerweise das gewichtete arithmetische Mittel (mit den über die Absatzzahlen berechneten Gewichten) zu benutzen.

f) In diesem Fall sollte keine der vorgeschlagenen Lösungen benutzt werden, da eine bimodale Verteilung der Beobachtungswerte vorliegt (jeweils 35o Verkehrsteilnehmer waren zwischen 2o und 3o Jahre bzw. zwischen 5o und 6o Jahre alt). Die Lösung 39,6 (Jahre) entspricht dem gewichteten arithmetischen Mittel, wenn die jeweiligen Klassenmitten als Beobachtungswerte zugrunde gelegt werden.

Literatur: HARFF,P. und STÖCKMANN, M.: Wirtschaftsstatistik, Bielefeld 1977, S. 4o - 45.

MORONEY, M.J.: Einführung in die Statistik, München 197o, S. 45 - 65.

F 7.o8

Im Jahre 1975 betrug in der Industrie
1) die Bruttolohn- und -gehaltssumme etwa 182 Mrd. DM,
2) die Zahl der Beschäftigten 7616 Tsd. im Monatsdurchschnitt.

Daraus errechnet sich die monatliche Bruttolohn- und -gehaltssumme je Beschäftigten zu etwa 2ooo DM.
Für dasselbe Jahr weisen die laufenden Wirtschaftsrechnungen für den 4-Personen-Arbeitnehmerhaushalt (mit mittlerem Einkommen des alleinverdienenden Haushaltsvorstandes) ein monatliches Bruttoeinkommen von etwa 2684 DM aus.

a) Wodurch sind die Unterschiede in den Zahlenangaben zu erklären?

b) Wann sollte bei Untersuchungen das niedrigere bzw. höhere Einkommen zugrunde gelegt werden?

Stellen Sie die Beobachtungswertreihen A und B graphisch dar, in dem Sie die vorgegebenen Diagramme benutzen!

A	2	4	3	1	2	3	2	3	4	2	5	2	6	5	4	3
B	1	2	6	5	5	3	4	5	4	5	3	4	2	3	5	4

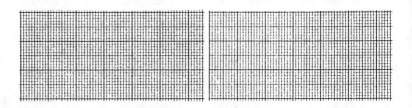

L 7.o8

a) Die Zahlenangaben sind nur mit Einschränkungen vergleichbar, obgleich bei der (erstmaligen) Bestimmung der Einkommensgrenzen für den angeführten Haushaltstyp von dem durchschnittlichen Bruttomonatsverdienst eines männlichen Arbeiters in der Industrie bzw. eines männlichen Angestellten ausgegangen wurde.

Die Bruttolohn- und -gehaltssumme wird (im monatlichen Industriebericht) durch die Befragung von Betrieben ermittelt, d. h. es stehen die Einzeleinkommen im Mittelpunkt. Demgegenüber erfassen die laufenden Wirtschaftsrechnungen bei ausgewählten Haushalten (beim 4-Personen-Arbeitnehmerhaushalt etwa 4oo Haushalte) das Haushaltseinkommen. Da zudem die laufenden Wirtschaftsrechnungen auf einer freiwilligen Teilnahme der Haushalte basieren, kann davon ausgegangen werden, daß Haushalte mit höherem Einkommen überrepräsentiert sind.

b) Vom Individual- bzw. Einzeleinkommen sollte immer dann ausgegangen werden, wenn der Leistungsaspekt dominiert (wirtschaftliche Leistung des Arbeitnehmers und mit Einschränkung Kosten für den Arbeitgeber). Demgegenüber kann davon ausgegangen werden, daß das Haushaltseinkommen primär in bezug auf den Ver-

Ordnen Sie den Beobachtungswertreihen A und B jeweils
einen Häufigkeitsverteilungstyp und ein Beispiel zu:

a) symmetrische Verteilung
b) linksschiefe unimodale Verteilung
c) linkssteile bimodale Verteilung
d) glockenförmige Verteilung
e) rechtsschiefe unimodale Verteilung

1) Einkommensverteilung: auf der Abszisse ist die Einkommenshöhe und auf der Ordinate die Zahl der Einkommensbezieher abgetragen.
2) Verlauf von Seuchen und Epidemien: auf der Abszisse
   ist die Zeit und auf der Ordinate ist die Zahl der
   erkrankten Personen abgetragen.
3) Engel-Kurve: auf der Abszisse ist das Einkommen und
   auf der Ordinate sind die Ausgaben für Nahrungsmit-
   tel eines Haushaltes abgetragen.

   Hinweis: Mit zunehmendem Einkommen nimmt der Teil
            des Einkommens prozentual ab, der zur Dek-
            kung des Nahrungsbedarfs dient.

---

fügungsaspekt (Wohlstand, Konsumchancen) von Interesse ist.

Literatur: KUCHENBECKER, R.: Grundzüge der Wirtschafts-
           statistik, 2. Aufl., Herne und Berlin 1973,
           S. 12o - 121.

F 7.o9

Im Rahmen der Statistik der Tariflöhne und -gehälter
berechnet das Statistische Bundesamt für die Bundesre-
publik Deutschland analog zu den Indizes der Effektiv-
verdienste u. a. Indizes der tariflichen
- Stundenlöhne der Arbeiter,
- Wochenlöhne der Arbeiter und
- Monatsgehälter der Angestellten.
Beschreiben Sie kurz die Berechnung dieser Indexzahlen!

L 1.08

Die Daten werden je Beobachtungswertreihe in einer Häufigkeitstabelle zusammengefaßt:

x	Häufigkeit	
	A	B
1	1	1
2	5	2
3	4	3
4	3	4
5	2	5
6	1	1
Σ	16	16

Zuordnung: A: e), 1)
          B: b), 2)

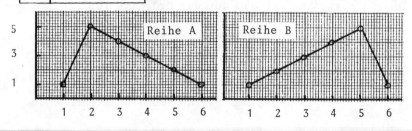

L 7.09

Die Statistik der Tariflöhne und -gehälter basiert auf einer Auswahl von Tarifverträgen, die in jedem der erfaßten Wirtschaftszweige etwa 75 % der Beschäftigten erfassen. In den Indexzahlen werden für ausgewählte Leistungsgruppen nur die höchsten tariflichen Löhne bzw. Gehälter erfaßt, nicht dagegen u. a. individuell vereinbarte tarifliche Zulagen (wie Überstunden- und Feiertagszuschläge) und einmalige (tariflich vereinbarte) Zahlungen (Urlaubsgeld, Weihnachtsgeld oder Gratifikationen).

F 7.10

Unter Lohndrift wird i. a. der Unterschied zwischen der während eines bestimmten Zeitraums erfolgten Zunahme der Effektivverdienste und der tariflich vereinbarten Verdiensterhöhung verstanden.
Berechnen Sie mit Hilfe der folgenden Angaben die Lohndrift! Nehmen Sie Stellung zur Rechnung und zum Ergebnis!

Welche der folgenden Behauptungen sind richtig?

a) Das arithmetische Mittel ist in rechtsschiefen uni-
   modalen Verteilungen größer als der Median.

b) Wenn alle Beobachtungswerte identisch sind, besitzen
   arithmetisches und geometrisches Mittel denselben
   Wert.

c) Jede statistische Masse besitzt einen Median, einen
   Modus und ein arithmetisches Mittel.

d) Die Berechnung des geometrischen Mittels ist für
   folgende Beobachtungswerte sinnvoll: 13, 6, 8, 2,
   o, 7, 3.

e) Bei der Berechnung des harmonischen Mittels dürfen
   die Beobachtungswerte nicht den Wert Null annehmen.

f) Für eine linksschiefe unimodale Verteilung gilt,
   daß der Modus größer ist als der Median.

Jahr	Index der tariflichen Stundenlöhne der Arbeiter in der gewerblichen Wirtschaft und bei den Gebietskörperschaften		Index der durchschnittlichen Bruttostundenverdienste der Arbeiter in der Industrie		Lohn-drift
	Index 197o=1oo	Wachstumsrate	Index 197o=1oo	Wachstumsrate	
1965	7o,9	–	69,6	–	
1966	76,1	7,3	74,2	6,6	
1967	79,4	4,3	76,6	3,2	
1968	82,7	4,2	8o,o	4,4	
1969	88,3	6,8	87,1	8,9	
197o	1oo	13,4	1oo	14,8	
1971	113,7	13,7	111,o	11,o	
1972	124,5	9,5	12o,9	8,9	
1973	136,9	1o,o	133,5	1o,4	
1974	153,2	11,9	147,1	1o,2	
1975	167,2	9,1	158,7	7,9	

L 1.o9

richtig: a), b), e), f).

Hinweis: a) und f) ergeben sich aus der sog. Lageregel
von Fechner.

c) ist falsch, denn nicht jede statistische
Masse besitzt einen Modus, z. B. 3,5,4,8.

im Falle d) ist die Berechnung des geometrischen
Mittels nicht sinnvoll, da das Ergebnis Null wäre.

b) ist ein Ausnahmefall, denn i. d. R. gilt,
daß das arithmetische Mittel größer ist als
das geometrische Mittel, und das geometrische Mittel ebenfalls größer ist als das harmonische Mittel.

Im Falle e) soll verhindert werden, daß bei
einem der Brüche eine Null im Nenner auftritt
und somit die Berechnung unmöglich wird.

L 7.1o

Die Lohndrift wird i. d. R. als Differenz der Wachstumsraten der Effektivverdienste und der Tarifverdienste berechnet. Mit den angeführten Zahlen ergibt sich die folgende Entwicklung der Lohndrift:

1966	1967	1968	1969	1970	1971	1972	1973	1974	1975
-o,7	-1,1	o,2	2,1	1,4	-2,7	-o,6	o,4	-1,7	-1,2

Es zeigt sich ein weitgehend prozyklischer Verlauf der
Lohndrift (Anstieg im Konjunkturaufschwung und Absinken im Konjunkturabschwung).
Die angeführten Statistiken sind allerdings nur bedingt vergleichbar (Zahl der erfaßten Wirtschaftsbe-
reiche, Zeitpunkt der Erfassung u. ä.).

Literatur: LIPPE, P. v. d.: Wirtschaftsstatistik, 2. Aufl.
Stuttgart und New York 1977, S. 229.

F 1.1o

Für die beiden Reihen von Beobachtungswerten

A	51	48	49	52	5o
B	3o	7o	6o	5o	4o

errechnet sich das arithmetische Mittel zu 5o.
Inwieweit ist hier ein Mittelwert allein zur Beschreibung und zum Vergleich der Reihen A und B geeignet?

F 7.11

Im Statistischen Jahrbuch für die Bundesrepublik
Deutschland sucht man vergeblich nach dem Stichwort
'Realeinkommen'. R. Wagenführ schreibt in diesem Zu-
sammenhang (Wirtschafts- und Sozialstatistik, Band 2,
Freiburg 1973, S. 51): "Wir haben den eigentlichen
Grund für die Abstinenz des Statistischen Bundesamtes
auf diesem Gebiet nicht ergründen können. Die heutige
Präsidentin des Amtes, Frau Hildegard Bartels, meinte
in einer Podiumsdiskussion, diese Berechnungen seien
so einfach, daß sie jeder selber durchführen könne."

Wie kann ausgehend von der monatlichen Bruttolohn- und
-gehaltssumme des Monatlichen Industrieberichts die
reale Bruttolohn- und -gehaltssumme berechnet werden?

L 1.1o

Mittelwerte messen die zentrale Tendenz. Auf Grund der
Tatsache, daß die Beobachtungswerte mehr oder weniger
stark um diese Mittelwerte streuen, ist es erforderlich,
zusätzlich auf Maße abzustellen, die diese "Dispersion"
beschreiben. Dabei wird i. d. R. von der Differenz zwischen den Beobachtungswerten und dem arithmetischen
Mittel ausgegangen.

F 1.11

Die wichtigsten Streuungsmaße sind:

1) Spannweite: die Differenz zwischen dem größten und
   kleinsten Beobachtungswert.

2) Durchschnittliche Abweichung: das arithmetische Mittel der absoluten Abstände jedes Beobachtungswertes
   vom arithmetischen Mittel.

3) Mittlere quadratische Abweichung: das arithmetische
   Mittel der Abstandsquadrate jedes Beobachtungswertes
   vom arithmetischen Mittel.

L 7.11

Zur Deflationierung der monatlichen Bruttolohn- und
-gehaltssumme sollte auf den Preisindex für die Lebenshaltung von 4-Personen-Arbeitnehmerhaushalten mit mittlerem Einkommen des alleinverdienenden Haushaltsvorstandes abgestellt werden. Für den Juli 1976 (Quelle: Wirtschaft und Statistik 1977/1) gestaltet sich die Berechnung wie folgt:

(16689 Mio. DM / 14o,2) · 1oo = 119o4 Mio DM.

Bei der Interpretation ist allerdings zu beachten, daß
i. d. R. nicht die gesamte Bruttolohn- und -gehaltssumme
für Konsumzwecke ausgegeben wird und daß die jeweiligen
Erhebungsmethoden nicht vergleichbar sind.

Hinweis:

Bei der Preisbereinigung jährlicher bzw. halbjährli-
cher Einkommensangaben kann auf den im Rahmen der
Volkswirtschaftlichen Gesamtrechnungen berechneten
(Paasche-) Preisindex des Privaten Verbrauchs abgestellt werden.

Literatur: WAGENFÜHR, R.: Wirtschafts- und Sozialstatistik, Band 2, Freiburg 1973, S. 51 - 52.

4) Standardabweichung: die positive Wurzel aus der mittleren quadratischen Abweichung.

5) Variationskoeffizient: das Verhältnis von Standardabweichung zu arithmetischem Mittel.

Ordnen Sie die folgenden Vor- und Nachteile den angeführten Streuungsmaßen zu (mehrmalige Verwendung erlaubt):

Vorteile

a) Alle Daten werden verwendet

b) Leichte Berechnung möglich

c) Relatives, d. h. dimensionsloses Streuungsmaß, besonders für Vergleiche mehrerer statistischer Massen geeignet

d) Leicht interpretierbar

Nachteile

k) keine ausreichende Information über die Verteilung der statistischen Masse

l) Schwierig zu interpretieren, da die Dimension ins Quadrat erhoben ist

m) Korrektur im Rahmen der Stichprobentheorie erfordert aufwendigere Umrechnung

---

F 7.12

In der folgenden Tabelle sind die durchschnittlichen Bruttojahresentgelte der (renten-) versicherungspflichtigen Arbeiter und Angestellten für die Jahre 1967 bis 1974 aufgeführt.

a) Berechnen Sie den 'Steigerungssatz' der Renten für die Jahre 1972 bis 1976.

b) Um wieviel Prozent hat sich eine bereits Anfang 1972 laufende Rente bis Ende 1976 erhöht?

Jahr	Bruttojahresentgelt in DM
1967	1o219
1968	1o842
1969	11839
197o	13343
1971	14931
1972	16335
1973	18295
1974	2o381

L 1.11

1): b), d), k);   2): a), d), m);   3) a), l);
4): a);   5): a), c).

Hinweis:

ESENWEIN-ROTHE, I. (Die Methoden der Wirtschaftsstatistik, Band 1, Göttingen 1976, S. 96) schreibt:
"Mit Hilfe von Streuungsmaßen wird eine Information
darüber gegeben, wie treffsicher eine Reihe durch
das eine oder andere Zentralitätsmaß charakterisiert
wird. Damit wird die Indikatorfunktion der Mittelwerte verbessert. ... Eine dichte Scharung der Einzel-
werte um den Mittelwert wird durch eine niedrige
Maßzahl für die Steuung angezeigt: in diesem Fall
hätte der Mittelwert eine starke Aussagekraft".

BARTELS, H. (Statistik I, Stuttgart 1971, S. 42)
beschreibt die Streuung "als Maß für die Homogenität einer Gruppe (interindividuelle Übereinstimmung),
Maß für die Exaktheit einer Messung, Zuverlässigkeit
einer Aus- oder Vorhersage".

L 7.12

Wenn E_t das durchschnittliche Bruttojahresentgelt bezeichnet, dann berechnet sich die Bemessungsgrundlage
B_t wie folgt: B_t = 1/3 (E_{t-4} + E_{t-3} + E_{t-2}). Die Wachstumsraten der B_t entsprechen dem Renten-'anpassungs-
satz' (ab 1972 Anpassung jeweils zum 1. Juli!).

a) 1972: 9,5 %; 1973: 11,35 %; 1974: 11,2 %
   1975: 11,1 % und 1976: 11,o %.

b) Es ist nicht auf die Wachstumsraten, sondern auf die
   Wachstumsfaktoren (Gliedzahlen) abzustellen! Die Erhöhung beträgt:

   1oo · (1,o95·1,1135·1,112·1,111·1,11o) - 1oo = 67,2%

Hinweis:

   Die Summe der Wachstumsraten (54,2 %) führt wegen
   der Nichtberücksichtigung der 'Zinseszinseffekte'
   zu einem falschen Ergebnis.

F 1.12

In Mailand und in Düsseldorf wurden in 6 Einzelhandels-
geschäften die Preise (in Lire bzw. DM) für 2 Pfund
Butter erfragt. Die Ergebnisse lauten:

Mailand:	95o	12oo	9oo	1o5o	11oo	8oo
Düsseldorf:	3,4o	2,7o	3,5o	2,6o	3,3o	2,5o

In welcher der beiden Städte streuen die Preise stärker?

---

8. PRODUKTIVITÄTSENTWICKLUNG

F 8.o1

Ordnen Sie den Ziffern 1) bis 3) jeweils einen kleinen
und einen großen Buchstaben zu!

1) Produktivität
2) Rentabilität
3) Wirtschaftlichkeit

a) Verhältnis von Erlösen und Kosten
b) Verhältnis von Reingewinn und Kapital
c) Verhältnis von Produktionsergebnis und Produktions-
faktoreinsatz

A) monetärer (geldwirtschaftlicher) Bereich
B) realer (güterwirtschaftlicher) Bereich

L 1.12

Als Maßzahl für die Streuung wird i. d. R. die Standardabweichung benutzt:

$$s = .+ \sqrt{\frac{1}{n} \sum_{i=1}^{n} (x_i - AM)^2}$$

Bei der "manuellen" Berechnung ist es zweckmäßig, von einer tabellarischen Darstellung auszugehen.

Mailand (M)			Düsseldorf (D)		
i	x_i	(x_i-AM)	$(x_i-AM)^2$	i	x_i	(x_i-AM)	$(x_i-AM)^2$
1	95o	- 5o	25oo	1	3,4o	+o,4o	o,16
2	12oo	+2oo	4oooo	2	2,7o	-o,3o	o,o9
3	9oo	-1oo	1oooo	3	3,5o	+o,5o	o,25
4	1o5o	+ 5o	25oo	4	2,6o	-o,4o	o,16
5	11oo	+1oo	1oooo	5	3,3o	+o,3o	o,o9
6	8oo	-2oo	4oooo	6	2,5o	-o,5o	o,25
Σ	6ooo	o	1o5ooo	Σ	18	o	1,oo

L 8.o1

1): c), B);   2): b), A);   3): a), A).

Hinweis:

G. E. Reuss (Produktivitätsanalyse, Basel und Tübingen, 196o, S. 5 f.) schreibt: "Die einfachste und fast triviale Definition der Produktivität lautet: Fähigkeit zu produzieren. ... Produzieren heißt nicht notwendigerweise auch Gewinn erwirtschaften. Produktivität ist also nicht das gleiche wie Rentabilität oder Wirtschaftlichkeit. ... Grade der Wirtschaftlichkeit und Rentabilität ... sind ein Maßstab für die Fähigkeit ..., wechselnde Marktlagen auszunutzen. Kennzahlen der Produktivität ... bezeichnen die Fähigkeit, eine bestimmte Erzeugungsmenge mit einem möglichst geringen Aufwand an Einsatzfaktoren herzustellen".

$$AM_M = 6000/6 = 1000 \text{ L} \qquad AM_D = 18/6 = 3$$
$$s_M = 132{,}3 \text{ L} \qquad s_D = 0{,}41 \text{ DM}$$

Die Standardabweichungen sollten jedoch nicht miteinander verglichen werden, da unterschiedliche Dimensionen vorliegen. In diesem Fall (wie auch bei deutlichen Größenunterschieden der Mittelwerte) sollte ein relatives (dimensionsloses) Streuungsmaß verwendet werden, wie z. B. der Variationskoeffizient $V = s/AM$:

$$V_M = 0{,}132 \text{ oder } 13{,}2 \text{ \% und } V_D = 0{,}136 \text{ oder } 0{,}136 \text{ \%}$$

Der Variationskoeffizient weist für Düsseldorf etwas höhere Werte auf als für Mailand. Die Preise streuen in Düsseldorf folglich etwas mehr als in Mailand.

Hinweis:

ESENWEIN-ROTHE, I.: (Die Methoden der Wirtschaftsstatistik, Band 1, Göttingen 1976, S. 98) schreibt: "Um die statistischen Verteilungen ... mit verschiedenen Mittelwerten zu vergleichen, kann die Standardabweichung relativiert werden, indem sie in Prozenten des arithmetischen Mittels ausgedrückt wird. Der so gebildete Variationskoeffizient ... ist als dimensionslose Größe ebenso vom Umfang des Kollektivs wie von den Maßeinheiten der Elemente unabhängig".

F 8.02

Das Statistische Bundesamt berechnet für die Bundesrepublik monatlich für den Bereich der Industrie Indizes der Arbeitsproduktivität. Dabei wird das Produktionsergebnis in der Industrie durch den Index der .... (1970=100) beschrieben, der bezogen wird auf die Meßzahlen (1970=100) der

a) ....

b) ....

c) ....

d) ....

Vervollständigen Sie den Text, indem Sie die fehlenden Begriffe an den (durch jeweils zwölf Punkte) gekennzeichneten Stellen ergänzen!

2. METHODISCHE GRUNDLAGEN II
(zeitliche Beschreibung)

F 2.o1

Ein Hauptproblem bei der Berechnung von Meßzahlen stellt
die Auswahl des Basisjahres dar.
Berechnen Sie für die folgenden Angaben des Bruttosozialproduktes (BSP, in laufenden Preisen) Meßzahlen
zur Basis 1967 und 197o! Stellen Sie das Ergebnis graphisch dar und interpretieren Sie den Verlauf der Meß-
zahlreihen!

Jahr	1966	1967	1968	1969	197o	1971	1972	1973
t	1	2	3	4	5	6	7	8
BSP(in Mrd.DM)	49o,7	495,5	54o,o	6o5,2	685,6	761,9	833,9	927,5

L 8.o2

Im Text ist in dieser Reihenfolge zu ergänzen:
industriellen Nettoproduktion; Arbeiter; Beschäftigten,
Arbeiterstunden, Beschäftigtenstunden.

Hinweis:

MEIER, G. (Neuberechnung der Indices des Produktionsergebnisses je Beschäftigten, je Beschäftigtenstunde,
je Arbeiter und je Arbeiterstunde in der Industrie
auf Basis 1962, in: Wirtschaft und Statistik 6.1968,
S. 244) schreibt: "Bei der Berechnung der Indices
des Produktionsergebnisses je Beschäftigten- bzw. je
Arbeiterstunde wird der kalendermonatliche Produktionsindex zugrunde gelegt, weil dieser den zu Jahres-
summen addierten Monatszahlen der tatsächlich geleisteten Beschäftigten- bzw. Arbeiterstunden entspricht. Demgegenüber wird bei der Berechnung der
Indices des Produktionsergebnisses je Beschäftigten
bzw. je Arbeiter der von Kalenderunregelmäßigkeiten
bereinigte Produktionsindex herangezogen."

Jahr	1966	1967	1968	1969	197o	1971	1972	1973
Basis 1967								
Basis 197o								

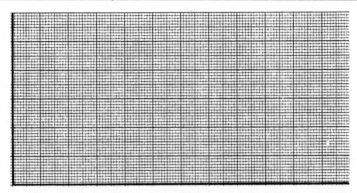

F   8.o3

Berechnen und interpretieren Sie aufgrund der folgenden
Zahlen, die sich auf die Industrie ohne Bauindustrie
und ohne öffentliche Energiewirtschaft beziehen, Indexzahlen der Arbeitsproduktivität zur Basis 197o in der
Form des

a) Produktionsergebnisses je Arbeiter und des
b) Produktionsergebnisses je Arbeitsstunde .

Jahr	Index der industriellen Nettoproduktion 197o=1oo		Zahl der Arbeiter	Zahl der geleist. Arb.std.
	Kalender-monatlich	von Kal.un-regelmäßig-keiten be-reinigt	in Tsd.	in Mio.
197o	1oo	1oo	6471	12246
1975	1o2,1	1o2,5	5431	9331

41

L 2.01

t	$M_{67,t}$	$M_{70,t}$	$M_{67,t} ./. M_{70,t}$
1	o,99	o,72	o,27
2	1,oo	o,72	o,28
3	1,o9	o,79	o,3o
4	1,22	o,88	o,34
5	1,38	1,oo	o,38
6	1,54	1,11	o,43
7	1,68	1,22	o,46
8	1,87	1,35	o,52

Die Meßzahlenreihe $M_{67,t}$ gibt die Entwicklung überzeichnet
wieder, weil das Rezessionsjahr 1967 als Basisjahr gewählt wurde. Die Meßzahlenreihe $M_{70,t}$ unterzeichnet die
Entwicklung, weil das Boomjahr 197o als Basisjahr gewählt wurde. Als sog. Normaljahr für das Basisjahr kä-
men z. B. 1968 oder 1972 in Frage.

Die graphische Darstellung läßt das Auseinanderlaufen
der beiden Kurven deutlich erkennen.

L 8.o3

a) Meßzahl für 1975 zur Basis 197o der Arbeiter:

5431/6471 = o,84.

Bei der Berechnung der 'Arbeitsproduktivitätsindex-
zahlen' in der Form des Produktionsergebnisses 'je
Arbeiter' bzw. 'je Beschäftigten' benutzt das Statistische Bundesamt den 'von Kalenderunregelmäßigkeiten bereinigten' Index der industriellen Nettoproduktion.

1o2,5/o,84 = 122,o.

b) Meßzahl für 1975 zur Basis 197o der Zahl der geleisteten Arbeiterstunden:

9331/12246 = o,76.

Bei der Berechnung des Produktionsergebnisses 'je
Arbeiterstunde' bzw. 'je Beschäftigtenstunde' benutzt das Statistische Bundesamt den 'kalendermo-
natlichen' Index der industriellen Nettoproduktion.

1o2,1/o,76 = 134,3

Hinweis:

Die Ergebnisse 122,o und 134,3 zeigen einen Produk-

F 2,o2

Für die Perioden t = 1,2,3,4 sind die folgenden Gliedzahlen berechnet worden:

$$M_{1,2} = 1,1$$
$$M_{2,3} = 1,2$$
$$M_{3,4} = 1,5 \ .$$

Wie kann aus diesen Angaben eine Meßzahl berechnet werden für die Periode t = 4 zur Basisperiode t = 1?
Wie lautet das zahlenmäßige Ergebnis?

---

tivitätsanstieg in der Industrie im Zeitraum 197o
bis 1975 an. Bei der Interpretation ist jedoch zu
beachten, daß das gesamte Produktionsergebnis lediglich zum Produktionsfaktor 'Arbeit' in Beziehung gesetzt wird (Arbeitsproduktivität!). Die
quantitative Bestimmung der Relationen 'Produktionsergebnis zu Kapitaleinsatz' oder 'Produktionsergebnis zu Unternehmerleistung' scheitert in der Regel
an der Nichtverfügbarkeit statistischer Daten für
die jeweiligen Nennergrößen.

Literatur: LIPPE, P.v.d.: Wirtschaftsstatistik, 2. Aufl.,
Stuttgart und New York 1977, S. 172 - 176.

F 8.o4

Erläutern Sie kurz den Begriff 'Struktureffekt' der
Arbeitsproduktivität, indem Sie einmal von Beschäftigungswanderungen zu den 'produktiveren' Branchen und
zum anderen von Beschäftigungswanderungen zu den weniger 'produktiven' Branchen ausgehen!

L 2.o2

Definitionsgemäß gilt für die Beobachtungswerte
x_t (mit t = 1,2,3,4) :

$$M_{1,2} = x_2/x_1 \qquad M_{2,3} = x_3/x_2 \qquad M_{3,4} = x_4/x_3$$

Allgemein gilt: $x_2/x_1 \cdot x_3/x_2 \cdot x_4/x_3 = x_4/x_1$

oder $M_{1,2} \cdot M_{2,3} \cdot M_{3,4} = M_{1,4}$

$M_{1,4}$ ist die gesuchte Meßzahl, die sich für die gegebe-
nen Zahlen wie folgt berechnet:

$$M_{1,4} = 1,1 \cdot 1,2 \cdot 1,5 = 2,o$$

Diese hier betrachtete Umformung wird als "Verkettung"
bezeichnet.

L 8.o4

Mit 'Struktureffekt der Arbeitsproduktivität' werden
die Auswirkungen von Beschäftigungswanderungen (innerhalb und zwischen den beteiligten Industriezweigen) auf
die (statistisch berechnete) Arbeitsproduktivität bezeichnet. So steigt die (statistisch berechnete) Arbeitsproduktivität, wenn im betrachteten Zeiraum Arbeitskräfte in produktivere Branchen abwandern; sie
sinkt, wenn Arbeitskräfte in weniger produktive Branchen abwandern.

F 8.o5

Es bezeichne: P Produktionsergebnis in DM
             A Zahl der Arbeiter
             o Basisperiode
             t Berichtsperiode
             i = 1,2,...,n Industriebranchen

Zwischen den jeweils aus Jahreswerten berechneten Wachstumsraten $W_{t-1,t}$ und den Gliedzahlen $M_{t-1,t}$ besteht folgender definitorische Zusammenhang:

	richtig	falsch
a) $W_{t-1,t} = 100\ (M_{t-1,t} - 1)$	☐	☐
b) $100\ M_{t-1,t} = W_{t-1,t} + 100$	☐	☐
c) $M_{t-1,t} = W_{t-1,t} + 1$	☐	☐
d) $M_{t-1,t} = (W_{t-1,t} : 100) + 1$	☐	☐

Im folgenden werden die Definitionen 1) bis 4) zugrunde-gelegt. Der Summationsindex läuft einheitlich über alle $i = 1, 2, \ldots, n$.

1) $p_i(0) = P_i(0) / A_i(0)$ ⎫ Arbeitsproduktivität im
                                  Basis- bzw. Berichtszeit-
2) $p_i(t) = P_i(t) / A_i(t)$ ⎭ raum in der Branche i.

3) $a_i(0) = A_i(0) / \Sigma A_i(0)$ ⎫ Gliederungszahlen des Ar-
                                       beitseinsatzes im Basis-
4) $a_i(t) = A_i(t) / \Sigma A_i(t)$ ⎭ bzw. Berichtszeitraum.

Die Arbeitsproduktivitäten (DM je Arbeiter) in der gesamten Industrie betragen im Berichts- bzw. im Basiszeitraum:

$\Sigma P_i(t) / \Sigma A_i(t)$ bzw. $\Sigma P_i(0) / \Sigma A_i(0)$.

Für die relative Arbeitsproduktivitätsänderung von o auf t (Arbeitsproduktivitätsindex) ergibt sich:

A) $[100 \cdot \Sigma P_i(t) / \Sigma A_i(t)] : [\Sigma P_i(0) / A_i(0)] =$

$[100 \cdot \Sigma a_i(t) \cdot p_i(t)] : [\Sigma a_i(0) \cdot p_i(0)]$.

(Forts. n. S.)

L 2.o3

Alle Definitionen sind richtig außer c.

Hinweis:

> Ist aus einer Reihe von Wachstumsraten für aufeinan-
> derfolgende Jahre oder Monate ein Mittelwert zu be-
> rechnen, so führt nicht das arithmetische Mittel der
> Wachstumsraten, sondern das geometrische Mittel der
> entsprechenden Gliedzahlen zum richtigen Ergebnis.
> Beispiel: für die Zeitpunkte t = 1, 2, 3, 4, 5 sind
> die folgenden Wachstumsraten gegeben: 1oo,o; 5o,o;
> 1oo,o; 33,3 und 3oo,o. Das arithmetische Mittel der
> Wachstumsraten beträgt 116,66. Dies bedeutet, daß
> ein Ausgangswert 1 (zum Zeitpunkt t = o) bis zum
> Zeitpunkt t = 5 einen Wert von etwa 47,74 annehmen
> würde. Tatsächlich ergibt sich ausgehend von den an-
> gegebenen Wachstumsraten ein Endwert von 32,o. Dies
> entspricht einem mittleren Wachstum im betrachteten
> Zeitraum von 1oo % je Zeitpunkt. Zu diesem Ergebnis
> führt auch die Berechnung des geometrischen Mittels
> aus den Gliedzahlen (Wachstumsfaktoren): 2,o; 1,5;
> 2,o; 1,3 und 4,o.

> Literatur: ABELS, H.: Wirtschaftsstatistik, Opladen
> 1976, S. 31.

Der Arbeitsproduktivitätsindex kann demnach als 'Wertindex' mit den Komponenten $p_i(o)$ bzw. $p_i(t)$ ['Preise']
und $a_i(o)$ bzw. $a_i(t)$ ['Menge'] interpretiert werden.

Für die <u>absolute</u> Arbeitsproduktivitätsänderung von o
auf t gilt:

B) $[\Sigma P_i(t) / \Sigma A_i(t)] - [\Sigma P_i(o) / \Sigma A_i(o)]$

$= [\Sigma a_i(t) \cdot p_i(t)] - [\Sigma a_i(o) \cdot p_i(o)]$.

Die Beziehung A) kann u. a. wie folgt zerlegt werden:

$$\frac{\Sigma a_i(t) \cdot p_i(t)}{\Sigma a_i(o) \cdot p_i(o)} \cdot 1oo = \underbrace{\frac{\Sigma a_i(t) \cdot p_i(o)}{\Sigma a_i(o) \cdot p_i(o)}}_{A1} \cdot \underbrace{\frac{\Sigma a_i(t) \cdot p_i(t)}{\Sigma a_i(t) \cdot p_i(o)}}_{A2} \cdot 1oo$$

Die vier Hauptprobleme bei der Berechnung von Indexzahlen sind:

(1) Wahl der Indexformel,

(2) Wahl des Basisjahres,

(3) Bestimmung des Warenkorbes, d. h. der in der Indexzahl zu erfassenden Waren und ihrer Anteile,

(4) Laufende Fortschreibung (Berechnung) der Indexzahlen.

Wie werden diese Probleme in der amtlichen Statistik (bei der überwiegenden Anzahl der publizierten Indexzahlen) gelöst?

$$= \underbrace{\frac{\Sigma a_i(o) \cdot p_i(t)}{\Sigma a_i(o) \cdot p_i(o)}}_{A3} \cdot \underbrace{\frac{\Sigma a_i(t) \cdot p_i(t)}{\Sigma a_i(o) \cdot p_i(t)}}_{A4} \cdot 100$$

Die Beziehung B) kann u. a. wie folgt zerlegt werden (Basisgewichtung):

$\Sigma a_i(t) \cdot p_i(t) - \Sigma a_i(o) \cdot p_i(o)$

$= \Sigma a_i(o) \cdot p_i(t) - \Sigma a_i(o) \cdot p_i(o) \qquad \rightarrow \text{B1}$

$+ \Sigma a_i(t) \cdot p_i(o) - \Sigma a_i(o) \cdot p_i(o) \qquad \rightarrow \text{B2}$

$+ \Sigma [a_i(t) - a_i(o)] \cdot [p_i(t) - p_i(o)] \rightarrow \text{B3}$

Welche der Ausdrücke A1 bis A4 und B1 bis B3 erfassen den Struktureffekt der Arbeitsproduktivität? Wie sind dann die übrigen Ausdrücke zu interpretieren?

L 2.o4

(1) Laspeyres-Indexzahlen.

(2) "Normaljahre": 195o, 1954, 1958, 1962, 197o.

(3) Durch Strukturerhebungen wie Zensus im Produzierenden Gewerbe, Einkommens- und Verbrauchsstichprobe.

(4) Durch laufende Erhebungen wie etwa den Produktionseilbericht.

F 2.o5

Es bezeichnen:

$i = 1,2,\ldots,m$: erfaßte Güter bzw. Gütergruppen

$p_i(o)$ bzw. $p_i(t)$: Preis des Gutes i in der Basis- bzw.
in der Berichtsperiode

$q_i(o)$ bzw. $q_i(t)$: Menge des Gutes i in der Basis- bzw.
in der Berichtsperiode

$w_i = p_i(o)q_i(o)/\Sigma\ p_i(o)q_i(o)$: Ausgabenanteil für das
Gut i in der Basisperiode

$w_i^* = p_i(t)q_i(t)/\Sigma\ p_i(t)q_i(t)$: Ausgabenanteil für das
Gut i in der Berichtsperiode

L 8.o5

Der Struktureffekt der Arbeitsproduktivität kann durch
die Ausdrücke A1, A3 oder B2 näherungsweise berechnet
werden. Folgende Interpretationen sind möglich:
A1 Struktureffekt (Strukturindex, Laspeyres-Ansatz),
A2 bereinigter Arbeitsproduktivitätsindex (Paasche),
A3 bereinigter Arbeitsproduktivitätsindex (Laspeyres),
A4 Struktureffekt (Strukturindex, Paasche-Ansatz),
B1 bereinigte Arbeitsproduktivitätsänderung,
B2 Struktureffekt (Strukturkomponente),
B3 Reaktionskomponente.

Hinweis:

In den Fällen A1 bis A4 wird von einer multiplika-
tiven Verknüpfung von Struktureffekt und Arbeitsproduktivitätsänderung ausgegangen. Struktureffekt
und Arbeitsproduktivitätsänderung werden als unabhängig voneinander angenommen. Im Fall B wird eine
additive Verknüpfung zugrunde gelegt. In der Reaktionskomponente kommt die Abhängigkeit von Struktureffekt und Produktivitätsänderung zum Ausdruck.

Literatur: KUCHENBECKER, H.: Grundzüge der Wirtschaftsstatistik, 2. Aufl., Herne und Berlin 1973,
S. 95 - 99.

Die Summationsindizes laufen über alle i = 1,2,...,m.
Welche der folgenden Schreibweisen einer Preisindexzahl
nach Laspeyres für die Berichtsperiode t zur Basisperiode o sind falsch?

a) $[\Sigma \; p_i(t)q_i(t) \cdot 1oo]:[\Sigma \; p_i(o)q_i(o)]$

b) $[\Sigma \; \dfrac{p_i(t)}{p_i(o)} \cdot p_i(o)q_i(o) \cdot 1oo]:[\Sigma \; p_i(o)q_i(o)]$

c) $\Sigma \; \dfrac{p_i(t)}{p_i(o)} \cdot w_i \cdot 1oo$

d) $[\Sigma \; \dfrac{p_i(t)}{p_i(o)} \cdot w_i \cdot 1oo]:[\Sigma \; w_i]$

e) $\Sigma \; \dfrac{p_i(t)}{p_i(o)} \cdot w_i^* \cdot 1oo$

f) $[\Sigma \; p_i(t)q_i(o) \cdot 1oo]:[\Sigma \; p_i(o)q_i(o)]$

g) $[\Sigma \; \dfrac{p_i(t)}{p_i(o)} \cdot w_i^* \cdot 1oo]:[\Sigma \; w_i^*]$

F 8.o6

Berechnen Sie aufgrund der folgenden Zahlenangaben:

I) einen Index der gesamtwirtschaftlichen Arbeitsproduktivität,

II) den Struktureffekt der Arbeitsproduktivität in der
Form des (der)
II 1) Strukturindex (nach Laspeyres und nach Paasche)
II 2) Strukturkomponente (Basisgewichtung)!

Branche	Produktionsergebnis in DM		Zahl der Arbeiter	
	Berichtsjahr	Basisjahr	Berichtsjahr	Basisjahr
1	4o	1oo	4o	1oo
2	16o	15o	16o	1oo
3	2oo	8o	8o	4o
4	6o	8o	12o	16o

L 2.o5

Falsch sind die Formeln a), e), g).

Literatur: ABELS, H.: Wirtschaftsstatistik, Opladen
1976, S. 33 - 39.

ESENWEIN-ROTHE, I.: Die Methoden der Wirtschaftsstatistik, Band 1, Göttingen 1976,
S. 142 - 15o.

REICHARDT, H.: Statistische Methodenlehre
für Wirtschaftswissenschaftler, 6. Aufl.,
Opladen 1967, S. 112 - 122.

Hinweis:

Esenwein-Rothe (S. 145) weist darauf hin, daß der
formale Ansatz von Laspeyres einen doppelten Vorteil
bietet: "Einmal bleiben die einander zu 1 ergänzen-
den Wägungsfaktoren über die Beobachtungsperiode hin-
weg konstant. Als weiterer Vorteil ... gilt, daß wegen der Basierung der Preismeßzahlen und des Wägungs-
schemas auf das Ausgangsjahr die Indexzahlen unterein-
andervergleichbar sind, während beispielsweise bei
den Ansätzen von Paasche ... lediglich ein Vergleich
mit der jeweiligen (aktuellen) Indexbasis möglich
wird."

L 8.o6

Mit den Definitionen
aus F 8.o5 ergibt
sich für die Branchen-
produktivitäten und die
Arbeitskennzahlen:

Branche	p(o)	p(t)	a(o)	a(t)
1	1,oo	1,oo	o,25	o,1o
2	1,5o	1,oo	o,25	o,4o
3	2,oo	2,5o	o,1o	o,2o
4	o,5o	o,5o	o,4o	o,3o

I): 112,2; II 1): 1,22 (Laspeyres) und 1,21, (Paasche);

II 2): o,225 DM/Arbeiter.

Hinweis:

Beide Ansätze zeigen, daß die gesamtwirtschaftlich
ausgewiesene Arbeitsproduktivitätssteigerung nur auf
den Struktureffekt zurückzuführen ist. Die (struk-
tureffektbereinigte) Arbeitsproduktivität ist um 7
bis 8 Prozent bzw. um -o,o75 DM/Arbeiter gesunken.

F 8.o7

Stellen Sie die in der folgenden Tabelle vorgegebenen
Wachstumsraten der Reihe A (Produktionsergebnis je Arbeiter) und der Reihe B (Index der industriellen Nettoproduktion, kalendermonatlich) in einem Koordinatensy-

Zeigen Sie, ausgehend von der unten aufgeführten allgemeinen Schreibweise des gewichteten harmonischen Mittels

$$GHM = \frac{\sum\limits_{i=1}^{m} w_i}{\sum\limits_{i=1}^{m} \frac{1}{x_i} \cdot w_i}$$

die Konstruktion:

a) eines Preisindex nach Paasche,

b) eines Mengenindex nach Paasche!

stem graphisch dar und interpretieren Sie den Verlauf beider Reihen. Die Zahlen beziehen sich auf die Gesamte Industrie ohne Bauindustrie und ohne Energiewirtschaft und Wasserversorgung. Die Basis der Ausgangs-Indexzahlen ist 1962.

	1965	1966	1967	1968	1969	1970	1971	1972
Reihe A	4,1	3,5	6,2	11,4	7,4	2,8	3,7	6,8
Reihe B	9,9	1,1	-2,8	11,8	12,9	6,2	2,o	2,9

L 2.06

a) Für die x_i werden die Preismeßzahlen $p_i(t)/p_i(o)$ eingesetzt.

Die w_i werden über die "Ausgabenanteile" oder "Umsatzanteile" der Berichtsperiode bestimmt:

$w_i = p_i(t)q_i(t)/\Sigma\ p_i(t)q_i(t)$.

Demnach gilt stets: $\Sigma\ w_i = 1$

Das GHM wird mit 1oo multipliziert. Daraus ergibt sich:

$$\frac{1}{\Sigma\ \dfrac{p_i(o)}{p_i(t)}\ \cdot\ \dfrac{p_i(t)q_i(t)}{\Sigma\ p_i(t)q_i(t)}} \cdot 1oo = \frac{\Sigma\ p_i(t)q_i(t)}{\Sigma\ p_i(o)q_i(t)} \cdot 1oo$$

b) Im Unterschied zu a) werden die Mengenmeßzahlen $q_i(t)/q_i(o)$ für die x_i eingesetzt.

L 8.07

Beide Reihen zeigen im betrachteten Zeitraum 1965 bis 1972 einen ausgeprägten zyklischen Verlauf. Das Niveau der Reihe A (Arbeitsproduktivität) liegt mit einer durchschnittlichen Wachstumsrate von 5,7 nur unwesentlich über dem Niveau der Reihe B (Nettoproduktionsindex), die eine durchschnittliche Wachstumsrate von 5,o aufweist (jeweils arithmetisches Mittel!). Die Amplituden (Schwankungen) sind beim Nettoproduktionsindex deutlich stärker (die Standardabweichungen betragen bei der Reihe A 2,7 und bei der Reihe B 5,o). Dieses Ergebnis kann u. a. darauf zurückgeführt werden, daß die Zahl der Arbeiter im Zeitablauf weniger starke Schwankungen als die Nettoproduktion aufweist. Ein Wendepunktvergleich zeigt, daß die Arbeitsproduktivität im betrachteten Zeitraum der Nettoproduktion um ca. 1 Jahr vorausläuft (Frühindikator!).

Demnach ergibt sich:

$$\frac{1}{\Sigma \dfrac{q_i(o)}{q_i(t)} \cdot \dfrac{p_i(t)q_i(t)}{\Sigma p_i(t)q_i(t)}} \cdot 100 = \frac{\Sigma\, p_i(t)q_i(t)}{\Sigma\, p_i(t)q_i(o)} \cdot 100$$

F 2.o7

Unter welcher Voraussetzung gelten die folgenden Beziehungen:

a) Preisindex Laspeyres [PL (o,t)]
   = Preisindex Paasche [PP (o,t)] ,

b) Mengenindex Laspeyres [ML (o,t)]
   = Mengenindex Paasche [MP (o,t)] ?

9. AUSSENHANDELSENTWICKLUNG

F 9.o1

Ordnen Sie den folgenden Begriffen der Außenhandelsstatistik die entsprechenden Definitionen zu!

1) Ausland   3) Zollgebiet
2) Erhebungsgebiet   4) Zollinland

a) Staatsgebiet der Bundesrepublik Deutschland ohne Exklaven, aber einschl. Westberlin und Enklaven

b) Staatsgebiet der Bundesrepublik Deutschland ohne Exklaven, Zollager und Zollfreigebiete, aber einschl. Westberlin und Enklaven

c) Zollager und Zollfreigebiete

d) Gebiet außerhalb des Staatsgebietes der Bundesrepublik Deutschland einschl. Westberlin und Enklaven, aber außerhalb der Deutschen Demokratischen Republik und Ostberlin, einschl. Exklaven

L 2.o7

a) Sei $p_i(t)/p_i(o)$ = konstant, für alle i = 1,2,...,m.

   Dann gilt:

   $$PL(o,t) = \Sigma\ k \cdot w_i \cdot 1oo = 1oo \cdot k,\ da\ \Sigma\ w_i = 1$$
   $$mit\ w_i = [p_i(o) \cdot q_i(o)] : [\Sigma\ p_i(o) \cdot q_i(o)]$$

   mit

   $$PP(o,t) = \Sigma\ k \cdot w_i^* \cdot 1oo = 1oo \cdot k,\ da\ \Sigma\ w_i^* = 1$$
   $$mit\ w_i^* = [p_i(t) \cdot q_i(t)] : [\Sigma\ p_i(t) \cdot q_i(t)].$$

   PL(o,t) und PP(o,t) stimmen demnach immer dann überein, wenn alle Preismeßzahlen gleich sind.

b) Analog für die Mengenindexzahlen (Konstanz der Mengenmeßzahlen).

Hinweis:

   In der Realität ist zu erwarten, daß PL(o,t) größer
   ist als PP(o,t). Diese Ungleichung gilt, wenn Preissteigerungen vorliegen und die Verbraucher sich (bei
   konstantem Einkommen) rational verhalten, d. h. wenn
   umgekehrt proportionale Preis- und Mengenänderungen
   vorliegen.

L 9.o1

1): d);   2): a);   3): c);   4): b).

F 9.o2

Zeichnen Sie Pfeile in die folgende graphische Darstellung ein, wobei die Anfangs- und Endpunkte der Pfeile
den Charakter des jeweiligen grenzüberschreitenden Warenverkehrs wiedergeben:

a) direkte Einfuhr

b) Einfuhr auf Lager

c) Einfuhr aus Lager

d) direkte Ausfuhr

e) Ausfuhr aus Lager

f) Durchfuhr

g) Zwischenauslandsverkehr

Gegeben sind Preise und Mengen für die Güter A, B und
C in den Jahren 197o und 1975:

Jahr	Gut A		Gut B		Gut C	
	p	q	p	q	p	q
197o	1	8	2	12	6	13
1975	1,5	1o	3	9	9	8

a) Berechnen Sie den Preisindex nach Laspeyres für 1975
   zur Basis 197o [PL(7o,75)]!

b) Berechnen Sie den Preisindex nach Paasche für 1975
   zur Basis 197o [PP(7o,75)]!

	Ausland	Zollgebiet	Zollinland
a)			
b)			
c)			
d)			
e)			
f)			
g)			

L 2.08

a) [(1,5·8 + 3·12 + 9·13)·1oo]:[1·8 + 2·12 + 6·13]

b) [(1,5·1o + 3·9 + 9·8)·1oo]:[1·1o + 2·9 + 6·8]

Für beide Indexzahlen errechnet sich ein Indexstand von
15o. Die Übereinstimmung war zu erwarten, da alle Preismeßzahlen gleich sind (vgl. F 2.o7).

F 2.o9

Ein Wert-(Kosten- oder Umsatz-)Index W kann stets ge-
schrieben werden als:

$$\frac{1}{1oo}\ PL \cdot MP = W = \frac{1}{1oo}\ PP \cdot ML$$

Alle Indexzahlen beziehen sich auf dieselben Basis-
bzw. Berichtszeiträume. Welche der nachfolgenden Behauptungen sind falsch?

a) W = 1oo · PL · MP kann wie folgt interpretiert
   werden: Die Wert-(Kosten- oder Umsatz-)änderung

L 9.o2

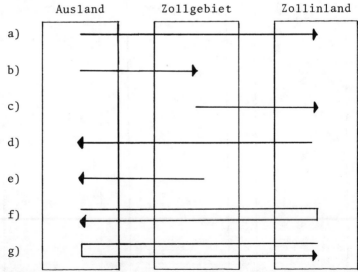

Literatur: WAGENFÜHR, R.: Wirtschafts- und Sozialstatistik, Band 1, Freiburg 197o, S. 377 - 382.

56

kann in zwei gedankliche (zeitliche) Abschnitte zerlegt werden: zuerst die Preisänderung, dann die Mengenänderung.

□

b) Für $W = 1/1oo \cdot PP \cdot ML$ gilt analog zu a): zuerst die Mengenänderung, dann die Preisänderung.

□

c) Bei a) und b) wird unterstellt, daß Preis- und Mengenänderung indirekt proportional abhängig sind.

□

d) Entsprechend $W = 1/1oo \cdot PP \cdot ML$ werden Wertindexzahlen wie folgt deflationiert (preisbereinigt):

$W \cdot 1oo / PP = ML$

□

e) Entsprechend d) werden auch "Wertgrößen" der Berichtsperiode deflationiert.

□

f) Die sich nach e) ergebenden Größen lauten:

$p_i(t) \cdot q_i(o)$ mit $i = 1,2,\ldots,m$.

□

F 9.o3

Welche der folgenden Vorgänge werden in der Außenhandelsstatistik der Bundesrepublik Deutschland nachgewiesen?

a) Durchfuhr

b) Waren- und Dienstleistungsverkehr mit der Deutschen schen Demokratischen Republik

c) Direkte Einfuhr

d) Einfuhr auf Lager

e) Einfuhr aus Lager

f) Zwischenauslandsverkehr

g) Direkte Ausfuhr

h) Ausfuhr aus Lager

i) Ausgaben deutscher Touristen im Ausland

k) Dienstleistungsverkehr innerhalb der Europäischen Gemeinschaft

L 2.o9

Falsch sind c) und f).

Bei c) muß die Annahme der Unabhängigkeit von Preis-
und Mengenänderungen gemacht werden.

Bei f) müssen die Größen lauten: $p_i(o)q_i(t)$.

F 2.1o

Ein Unternehmen habe im Jahre 1975 (fiktive Zahlen)
die folgenden Mengen (q, in Mill. Stück) seiner Produkte A, B und C verkauft. Die entsprechenden Preise
(p, in DM) betrugen 197o bzw. 1975:

Produkt	q(75)	p(75)	p(7o)
A	13	1,1o	1,00
B	6	1,5o	1,2o
C	1o	1,00	o,8o

L 9.o3

Es werden nur die folgenden Vorgänge nachgewiesen:
a), c), d), e), g), h).

Hinweis:

Wagenführ, R. (Wirtschafts- und Sozialstatistik,
Band 1, Freiburg 197o, S. 377) schreibt: "Zwischenauslandsverkehr umfaßt 'die unmittelbare Beförderung
von Waren aus dem Erhebungsgebiet durch das Ausland
in das Erhebungsgebiet (z. B. die Beförderung einer
Ware von Bremen durch die Niederlande nach Köln)'.
Der Zwischenauslandsverkehr ist in der Außenhandelsstatistik nicht enthalten; er stellt eine Art Durchfuhr durch fremde Erhebungsgebiete, sprich Volks-
wirtschaften dar. Die Durchfuhr von Waren wird nur
mengenmäßig erfaßt, ...". In den amtlichen Statistiken der Bundesrepublik Deutschland fehlt (Wagenführ
S. 383 f.) "der Warenaustausch mit der DDR. Auf diese Weise gibt die amtliche Statistik ... keine Auskunft über die Handelsbeziehungen der BRD mit dem
Integrationsraum der Länder des Rates für gegensei-
tige Wirtschaftshilfe (RGW), ...".

a) Berechnen Sie aus den vorliegenden Angaben einen
   Preisindex für 1975 zur Basis 197o!

b) Der Gesamtumsatz des Unternehmens in 197o betrug
   19,6 Mill. DM. Berechnen Sie die Umsatzsteigerung!

c) Berechnen Sie einen Preisindex nach Laspeyres für
   1975 zur Basis 197o, indem Sie davon ausgehen, daß
   vom Gut A 197o 1o Mill. Stück und vom Gut B 197o
   4 Mill. Stück verkauft worden sind!

d) Berechnen Sie jeweils für 1975 zur Basis 197o die
   Mengenindizes nach Laspeyres und Paasche!

F 9.o4

Wie werden die folgenden Tatbestände in der Außenhandelsstatistik der Bundesrepublik Deutschland wertmäßig
erfaßt:

a) ein deutscher Stahlbaukonzern exportiert Baumaschi-
   nen nach Brasilien (Warenwert: 1 Mio. DM; Transport-
   und Versicherungskosten bis zum deutschen Verschiffungshafen: 15ooo DM, Transport- und Versicherungskosten ab Verschiffungshafen: 35ooo DM),

b) ein deutscher Warenhauskonzern importiert Ferngläser
   aus Japan (Warenwert: 1ooooo DM; Transport- und Versicherungskosten bis Bremen: 5ooo DM; Transport- und
   Versicherungskosten ab Bremen: 2ooo DM)?

L 2.1o

a) Mit Hilfe der vorliegenden Angaben läßt sich nur ein Preisindex nach Paasche berechnen. Formel: $[\Sigma p(75) \cdot q(75) \cdot 1oo]:[\Sigma p(7o) \cdot q(75)]$. Lösung: 118,1.

b) Die Umsatzsteigerung kann adäquat durch einen Wertindex beschrieben werden. Formel: $[\Sigma p_i(t) \cdot q_i(t) \cdot 1oo]:[\Sigma p_i(o) \cdot q_i(o)]$. Mit einem Gesamtumsatz von 33,3 Mill. DM für 1975 ergibt sich: 169,9.

c) Über den Gesamtumsatz des Jahres 197o aus b) errechnet sich die verkaufte Menge des Gutes C in 1970 zu 6 Mill. Stück. Formel: $[\Sigma p_i(t) \cdot q_i(o) \cdot 1oo]:[\Sigma p_i(o) \cdot q_i(o)]$. Lösung: 117,3

Hinweis:

Es zeigt sich, daß PL<PP. Grund: proportionaler Zusammenhang zwischen Preis- und Mengenänderungen.

d) Unter Benutzung des Zusammenhangs zwischen Wertindexzahlen und Preis- sowie Mengenindexzahlen nach Laspeyres sowie nach Paasche ergibt sich mit Hilfe der Lösungen aus Teil a) und c) dieser Aufgabe: ML(7o,75) = 143,9 mit [W(7o,75)·1oo/PP(7o,75)], MP(7o,75) = 144,8 mit [W(7o,75)·1oo/PL(7o,75)].

L 9,04

a); Ausfuhr 1o15ooo DM; b); Einfuhr: 1o5ooo DM,

Hinweis:

System der Grenzübergangswerte (Zeitpunkt des Grenzübertritts, Grenze der Bundesrepublik Deutschland),

F 9.05

Im Rahmen der Außenhandelsstatistik der Bundesrepublik Deutschland werden Einfuhr und Ausfuhr nach dem Konzept des Generalhandels und dem Konzept des Spezialhandels nachgewiesen. Kreuzen Sie im folgenden die falschen Definitionen an!

a) Der Generalhandel umfaßt den grenzüberschreitenden Warenverkehr, der sich nach Abzug der Durchfuhr und des Zwischenauslandsverkehrs ergibt.

Ein Laspeyres-Preisindex zur Basis 197o wurde für die
Sektoren A, B und C sowie insgesamt (Generalindex) veröffentlicht. Für die Jahre 1971 bzw. 1972 sind die folgenden Werte gegeben:

Jahr	Generalindex	Teilindizes		
		A	B	C
1971	16o	12o	2oo	2oo
1972	15o	16o	2oo	1oo

Berechnen Sie die Gewichte der Sektoren A, B und C!

b) Der Spezialhandel erfaßt den Warenverkehr
   an der Grenze des Zollinlandes. □

c) Der Generalhandel erfaßt auf der Einfuhrseite nur die direkte Einfuhr. □

d) Der Generalhandel erfaßt auf der Ausfuhrseite die direkte Ausfuhr und die Ausfuhr
   aus Lager. □

e) Der Spezialhandel erfaßt auf der Einfuhrseite nur die direkte Einfuhr. □

f) Der Generalhandel erfaßt die Warenströme
   an der Grenze des Erhebungsgebietes. □

g) Der Spezialhandel erfaßt auf der Einfuhrseite die direkte Einfuhr und die Einfuhr
   aus Lager. □

h) Der Spezialhandel erfaßt auf der Ausfuhrseite nur die direkte Ausfuhr. □

i) Der Generalhandel erfaßt auf der Einfuhrseite die direkte Einfuhr und die Einfuhr
   auf Lager. □

k) Der Generalhandel erfaßt auf der Einfuhrseite die direkte Einfuhr und die Einfuhr
   aus Lager □

L 2.11

Die Gewichte (kleine Buchstaben) der Sektoren A, B und
C betragen: a = o,5; b = o,2 und c = o,3.

Hinweis:

Generalindexzahlen werden als gewichtete arithmetische Mittelwerte aus den jeweiligen Teilindexzahlen
berechnet. Mit den Zahlenangaben ergibt sich:

1971: $160 = a \cdot 120 + b \cdot 200 + c \cdot 200$
1972: $150 = a \cdot 160 + b \cdot 200 + c \cdot 100$.

Eine dritte Gleichung kann aus der Bedingung herge-
leitet werden, daß die Summe der Gewichte 1 ergibt
oder aus dem Basisjahr 1970:

$100 = a \cdot 100 + b \cdot 100 + c \cdot 100$.

Das Gleichungssystem ist nach a, b und c aufzulösen.

Literatur: ABELS, H.: Wirtschaftsstatistik, Opladen 1976,
S. 39.

HANSEN, G.: Methodenlehre der Statistik,
München 1974, S. 97 - 99.

WETZEL, W.: Statistische Grundausbildung für
Wirtschaftswissenschaftler, I. Beschreibende
Statistik, Berlin und New York 1971, S. 141.

L 9.o5

falsch: c), e),k); die richtige Definition zu c) und
k) ist i).

Hinweis:

Generalhandel und Spezialhandel unterscheiden sich
auf der Einfuhr- und auf der Ausfuhrseite nur durch
die Erfassung bzw. Nichterfassung der Ausfuhr aus
Lager.
H. KUCHENBECKER (Grundzüge der Wirtschaftsstatistik,
2. Aufl., Herne und Berlin 1973, S. 159) schreibt:
"Die allgemeine Aussage des Generalhandels über den
Umfang des Warenverkehrs mit dem Ausland eignet sich
daher besonders für den internationalen Vergleich
von Außenhandelsstatistiken einzelner Länder. ...
Soll durch die Außenhandelsstatistik der Beitrag der
heimischen Wirtschaft zur Wertschöpfung sichtbar gemacht werden, indem berücksichtigt wird, daß Waren-
lieferungen aus dem Ausland einen Teil des Material-
verbrauchs ausmachen und Warenexporte Wertschöpfungs-
bestandteile der inländischen Wirtschaft enthalten,
so ist die Darstellung des Außenhandels in der Form
des Spezialhandels zu wählen".

Für die Jahre 1964, 1969 und 1971 sind die folgenden
Wertindexzahlen (Basis 1964) und Preisindexzahlen nach
Laspeyres (Basis 1968) des Umsatzes eines Unternehmens
bekannt (fiktive Zahlen).

Jahr	Wertindex	Preisindex
1964	1oo	93
1969	146	1o1
1971	174	1o3

Um wieviel Prozent ist der preisbereinigt (reale) Umsatz des Unternehmens von 1964 auf 1971 gestiegen?

Welche der folgenden Tatbestände werden als Ausfuhr
bzw. Einfuhr in der Abgrenzung des Spezialhandels in
der Außenhandelsstatistik nachgewiesen?

a) Firma A bezieht Rohkaffee aus Brasilien, Warenwert: 1oooo DM.

b) Aus dem Zollager werden 1ooo Stangen Zigaretten
   in die Bundesrepublik Deutschland eingeführt.

c) Herr M. kauft nach einem Urlaubsaufenthalt in Spa-
   nien auf dem Rückflug im Zollfreigebiet eine Fla-
   sche Whisky und eine Stange Zigaretten.

d) Eine Werkzeugmaschine (Warenwert: 1oooo DM) wird
   direkt nach den USA exportiert.

e) 1ooo Flaschen Scotch Whisky werden in einem deutschen Zollager von einem ausländischen Exporteur
   eingelagert.

f) Die Galerie S. in München kauft von einem öster-
   reichischen Künstler eine Radierung zum Preis von
   25o DM.

L 2.12

Der Umsatz des Unternehmens ist von 1964 auf 1971 um 57,1 % gestiegen.

Hinweis:

Eine Preisbereinigung bzw. Deflationierung des Umsatzes kann wie folgt durchgeführt werden:

$MP = W \cdot 1oo/PL.$

Der Preisindex nach Laspeyres ist auf die Basis 1964 umzurechnen. Die Umbasierung (Näherungslösung!) erfolgt dadurch, daß der Preisindex für das Jahr 1964 gleich 1oo gesetzt wird, d. h. alle Werte des Preisindex werden multipliziert mit: (1oo/93) = 1,o75. Damit ergibt sich für den Preisindex zur Basis 1964:

1964: 1oo,o; 1969: 1o8,6 und 1971: 11o,8.

Wird der Umsatzindex durch diese Preisindexzahlen dividiert, dann errechnet sich die preisbereinigte Umsatzentwicklung (beschrieben durch einen Mengenindex nach Paasche) wie folgt:

1964: 1oo,o; 1969: 134,4 und 1971: 157,1.

Literatur: ESENWEIN-ROTHE, I.: Die Methoden der Wirtschaftsstatistik, Band 1, Göttingen 1976, S. 154 - 158.

L 9.o6

In der Abgrenzung des Spezialhandels werden in der Aussenhandelsstatistik nur die Tatbestände a), b) und d) nachgewiesen. Die Fälle c) und f) fallen unter die 3oo-DM-Abschneidegrenze (cut-off); bei c) liegt zudem keine Zollanmeldung vor; d. h. c) und f) werden in der Außenhandelsstatistik nicht nachgewiesen. Der Fall e) wird nur im Rahmen des Generalhandels erfaßt, da hier eine Einfuhr auf Lager vorliegt.

F 9.o7

Im Rahmen der Außenhandelsstatistik werden u. a. die folgenden Indexzahlen (Basisjahr 197o) durch das Statistische Bundesamt jeweils für die Ausfuhr und die Einfuhr zur Verfügung gestellt:

a) Wertindex ('Index der tatsächlichen Werte'),

Bei der Analyse ökonomischer Zeitreihen wird u. a. versucht, ökonomisch interpretierbare (a priori) Komponenten zu definieren, welche die Wirkungen isolierbarer Einflüsse widerspiegeln sollen und die aggregiert den Wert der betrachteten Zeitreihe erklären. So kann z. B. eine additive Verknüpfung der einzelnen Komponenten Trend T, Zyklus Z, Saison S und Restschwankung R vorliegen. Der Wert der Zeitreihe x in der Periode t ergibt sich dann zu:

$$x_t = T_t + Z_t + S_t + R_t$$

Mit welcher dieser Komponenten würden Sie jeweils die folgenden Tatbestände primär in Verbindung bringen?

a) Ein Feuer im Unternehmen A verursacht vier Wochen Produktionsausfall.

b) Steigender Rohstoffbedarf aufgrund eines konstant positiven Bevölkerungswachstums.

c) Weihnachtseinkäufe führen im Dezember zu einem Rückgang der Spareinlagen inländischer Nichtbanken.

d) Eine Phase der Rezession hemmt das Wirtschaftswachstum.

---

b) Mengenindex nach Laspeyres ('Volumenindex') und

c) 'Preis-'index nach Paasche ('Index der Durchschnittswerte').

Zusätzlich werden im Rahmen der Preisstatistik Indizes (nach Laspeyres) der Ausfuhrpreise und der Einfuhrpreise berechnet. Geben Sie die Formeln der 4 Gruppen von Indexzahlen an, indem Sie die folgenden 'Bausteine' benutzen:

1) $\Sigma \, p_i(t) \cdot q_i(t)$ 3) $\Sigma \, p_i(70) \cdot q_i(t)$

2) $\Sigma \, p_i(70) \cdot q_i(70)$ 4) $\Sigma \, p_i(t) \cdot q_i(70)$

(t) bezeichnet das Berichtsjahr und (70) das Basisjahr. Über welche Positionen läuft der Summationsindex i $(i=1,2,\ldots,n)$?

L 2.13

a): R; b); T; c); S; d); Z,

Die Methode der gleitenden Durchschnitte verlangt die
sukzessive Berechnung des arithmetischen Mittels von
jeweils m aufeinanderfolgenden Zeitreihenwerten. Die
Zuordnung der auf diese Weise ermittelten Durchschnittswerte erfolgt (unter Verlust von jeweils m/2 Anfangs-
und Endwerten bei der neuen Reihe) bei ungeradem m
zum mittleren Wert der Originalreihe. Bei geradem m
hilft man sich etwa durch die zweimalige Anwendung
der Methode der gleitenden Durchschnittswerte.

Die graphischen Darstellungen auf der gegenüberliegen-
den Seite zeigen (1) eine Originalzeitreihe mit 28
(fiktiven Vierteljahres-)Zeitreihenwerten und (2) die
Werte der Reihe (1) nach Berechnung eines gleitenden
4-er Durchschnitts und anschließender Berechnung eines
gleitenden 2-er Durchschnitts.

L 9.o7

Der Summationsindex i läuft über die etwa 75oo Warennummern des Warenverzeichnisses für die Außenhandelsstatistik. Es gelten die folgenden Beziehungen:

a) 'Index der tatsächlichen Werte': [1):2)]·1oo

$[\Sigma p_i(t) \cdot q_i(t) : \Sigma p_i(7o) \cdot q_i(7o)] \cdot 1oo$

b) 'Volumenindex': [3):2)]·1oo

$[\Sigma p_i(7o) \cdot q_i(t) : \Sigma p_i(7o) \cdot q_i(7o)] \cdot 1oo$

c) 'Durchschnittswertindex': [1):3)]·1oo

$[\Sigma p_i(t) \cdot q_i(t) : \Sigma p_i(7o) \cdot q_i(t)] \cdot 1oo$

d) 'Ausfuhr-' bzw. 'Einfuhrpreisindex': [4):2)]·1oo

$[\Sigma p_i(t) \cdot q_i(7o) : \Sigma p_i(7o) \cdot q_i(7o)] \cdot 1oo$

Literatur: HARTWIG, H.: Indexzahlen für den Außenhan-
del, in: A. Blind (Hrsg.): Umrisse einer
Wirtschaftsstatistik, Hamburg 1966,
S. 167 - 18o.

Welche Komponenten erkennt man in den graphischen Darstellungen (1) und (2)?

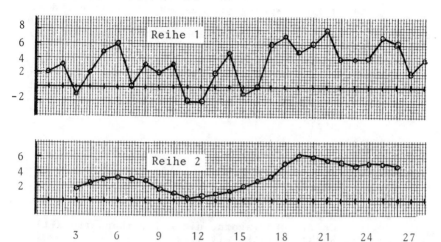

Berechnen Sie aufgrund der folgenden (fiktiven) Angaben einen 'Durchschnittswertindex der Ausfuhr' für den Januar 1976!

Datum	Waren-nummer	Ausfuhr z. Z. des Grenzübergangs	
		Preis (in DM)	Menge (in Stück)
3.1.76	1	9oo	5o
8.1.76	2	1ooo	2oo
1o.1.76	1	11oo	5o
12.1.76	3	9oo	63
18.1.76	3	11oo	37
28.1.76	1	1ooo	15o

Die Durchschnittspreise der Ausfuhr im Basisjahr 197o betrugen für die Warennummer 1: 8oo DM, für die Warennummer 2: 15oo DM und für die Warennummer 3: 5oo DM.

67

L 2.14

   (1) Erst bei näherer visuellen Analyse erkennt man eine
saisonale Bewegung mit Maximum im zweiten und Minimum im dritten Viertel eines jeden Jahres. Der über
vier Jahre laufende Zyklus tritt ebenso wie ein
stetig ansteigender Trend in den Hintergrund.

   (2) Die saisonale Komponente und die Restkomponente sind
durch den gleitenden 4-er Durchschnitt weitgehend
herausgefiltert, zumal anschließend der gleitende
2-er Durchschnitt verwendet wurde. Zyklus und Trend
treten jetzt deutlicher hervor (sog. glatte Komponente).

F 2.15

Im folgenden sind die (fiktiven) Werte des Trends und
des Zyklus für die Zeitpunkte t = 1,2, ..., 14 gegeben.
Berechnen Sie unter der Annahme, daß sich Trend und
Zyklus additiv überlagern, die Zeitreihenwerte $x(t)$
und die Wachstumsraten $w(t-1,t)$.

Stellen Sie die Zeitreihe und die entsprechenden Wachstumsraten graphisch in einem Koordinatensystem dar
und vergleichen Sie beide Reihen!

L 9.o8

Die Durchschnittspreise im Berichtsmonat betragen für
die Warennummern 1: 1ooo DM; 2: 1ooo DM und 3: 1ooo DM
(jeweils arithmetisches Mittel der Einzelpreise). Demnach ergibt sich für den 'Durchschnittswertindex der
Ausfuhr' ($\bar{p}_i$ bezeichnet den Durchschnittspreis der Warennummer i):

$$\frac{\Sigma \bar{p}_i(t) \cdot q_i(t)}{\Sigma \bar{p}_i(7o) \cdot q_i(t)} \cdot 1oo = \frac{25oooo + 2ooooo + 1ooooo}{2ooooo + 3ooooo + 5oooo} \cdot 1oo = 1oo$$

Rechnet man (im Zähler) nicht mit den Durchschnittsprei-
sen, sondern mit den Einzelpreisen, so ergibt sich eine
Indexzahl von 99,5.

68

t	1	2	3	4	5	6	7
Trend	11,0	11,5	12,0	12,5	13,0	13,5	14,0
Zyklus	-1,0	0,5	2,0	0,5	-1,0	0,5	2,0
x(t)							
w(t-1,t)							

t	8	9	1o	11	12	13	14
Trend	14,5	15,0	15,5	16,0	16,5	17,0	17,5
Zyklus	0,5	-1,0	0,5	2,0	0,5	-1,0	0,5
x(t)							
w(t-1,t)							

F 9.o9

Streichen Sie im folgenden Text in den Klammern die
falschen Begriffe. Der Text ist der Wirtschafts- und
Sozialstatistik (Band 1, Freiburg 197o, S. 39o - 393)
von R. Wagenführ entnommen. Dabei wurde auf die Kenn-
zeichnungen der Kürzungen verzichtet. Der entsprechende Abschnitt bei Wagenführ ist mit 'Messung des Außenhandels' überschrieben.

"Die Mengen sind nach Gewicht oder Stück angegeben.
1967 betrug die Einfuhr im Spezialhandel rund 2o9 Mio.
Tonnen, die Ausfuhr etwa die Hälfte, nämlich 1o4 Mio.
Tonnen. Die Einfuhrzahlen sind erheblich höher als die
Ausfuhrzahlen, da sie (stärker/weniger stark) auf Roh-
stoffe und Halbwaren und damit auf Massengüter konzen-
triert sind. Außer für (produktions- und verbrauchs-
wirtschaftliche/verkehrswirtschaftliche) Untersuchungen
sind aber diese Angaben nicht sehr aussagekräftig.

(Forts. n. S.)

L 2.15

Es zeigt sich, daß die Wachstumsraten die Amplituden
deutlich verstärken. Auf der anderen Seite werden die
oberen Wendepunkte (t=3,7,11) um einen Zeitpunkt vor-
datiert, während die unteren Wendepunkte korrekt wiedergegeben werden. Es zeigt sich außerdem, daß im vorliegenden Beispiel durch die Berechnung der Wachstumsraten Teile der Abschwung- bzw. Aufschwungsphasen
über- bzw. unterzeichnet werden.

Hinweis:

A. WAGNER (Die Wachstumszyklen in der Bundesrepublik Deutschland, Tübingen 1972, S. 48f.) schreibt:
"Durch eine Transformation der absoluten Änderungen
einer Zeitreihe in Wachstumsraten verändert sich
die Datierung der Extrema stets dann, wenn von Null
verschiedene Wachstumsraten gegeben sind. Maxima
und Minima der Wachstumsratenfunktion, die konjunkturellen Wendepunkte, werden a) bei positiven
Wachstumsraten zu einem früheren Zeitpunkt, b) bei
negativen Wachstumsraten zu einem späteren Zeitpunkt erreicht als die Extrema der Zuwachsfunktion.
... Völlig unangebracht ist die Berechnung von
Wachstumsraten, wenn die absoluten Werte der Zeitreihe ... auch negativ werden können".

Die Werte sind in 1ooo DM und 1ooo US-Dollar nachgewiesen. Sie beziehen sich grundsätzlich auf den (Wert der
Ware ohne Transport- und Versicherungskosten/Grenzüber-
gangswert), in der Einfuhr (ohne/einschließlich) deutsche Eingangsabgaben. Das System der (Warenwerte/Grenz-
übergangswerte) bedeutet, daß in der Außenhandelssta-
stistik des Statistischen Bundesamtes bei der Einfuhr
grundsätzlich (cif-Preise/fob-Preise) zugrunde gelegt
werden, bei der Ausfuhr aber (fob-Preise/cif-Preise).
In den Einfuhrwerten sind daher viel (weniger/mehr)
Entgelte für geleistete Dienste enthalten als in den
Ausfuhrwerten: 1965 waren in den cif-Werten der (Ein-
fuhr/Ausfuhr) der Bundesrepublik Deutschland Frachten
und Versicherungsleistungen von rd. 6% des Gesamtwertes
enthalten - das waren etwa 4,4 Mrd. DM; davon wurden
8o% an Ausländer gezahlt. Aus der Kombination der Men-
gen- und Wertangaben können (ohne weiteres/nicht ohne
weiteres) 'Durchschnittspreise' ermittelt werden. Bei der

3. AMTLICHE STATISTIK IN DER BUNDESREPUBLIK DEUTSCHLAND

F 3.o1

In der Bundesrepublik Deutschland dürfen statistische Erhebungen durchgeführt werden, ohne daß eine gesetzliche Grundlage vorhanden ist, durch:

	ja	nein
a) das Statistische Bundesamt	☐	☐
b) Wirtschaftsverbände	☐	☐
c) Marktforschungsinstitute	☐	☐
d) die Statistischen Ämter der Gemeinden	☐	☐
e) jeden Bürger	☐	☐
f) Betriebe	☐	☐
g) Industrie- und Handelskammern	☐	☐
h) die Statistischen Landesämter	☐	☐

verfügbaren 'tiefsten' Untergliederung (verbergen sich/ verbergen sich nicht) hinter den Mengen und Werten verschiedene Qualitäten, verschiedene Lieferungs- und Zahlungsbedingungen, verschiedene Herkunfts- und Bestimmungsländer. Werden Wert- und Mengenangaben kombiniert, dann ergeben sich die (Durchschnittspreise/Durchschnittswerte).

Das 'Volumen' ist ein (realer/fiktiver) Wert, also eine (statistisch erhobene/errechnete) Größe, die durch Bewertung der Mengen der Berichtsperiode mit den konstanten (Durchschnittswerten/Einzelpreisen) der Basis ermittelt wird."

L 3.o1

nein: a), d), h).

Hinweis:

    Jede amtliche statistische Erhebung bedarf einer ge-
setzlichen Grundlage (Prinzip der Legalisierung).

F 3.o2

Bei den folgenden Angaben, die sich auf das Statistische
Bundesamt (SBA) beziehen, ist jeweils eine der Bemerkun-
gen richtig. Streichen Sie die falschen Angaben durch!

a) Der Personalbestand des SBA betrug am 31. 12. 197o
etwa:

   1) 25oo Personen
   2) 5oo Personen
   3) 95oo Personen

b) Der Haushaltsansatz (Etat) des SBA betrug 197o etwa:

   1) 24o Mio DM
   2)   6o Mio DM
   3) 52o Mio DM

L 9.o9

Im Text sind in den Klammern in der folgenden Reihenfolge zu streichen: weniger stark; produktions- und
verbrauchswirtschaftliche; Wert der Ware ohne Trans-
port- und Versicherungskosten; einschließlich; Waren-
werte; fob-Preise; cif-Preise; weniger; Ausfuhr; ohne
weiteres; verbergen sich nicht; Durchschnittspreise;
realer; statistisch erhobene; Einzelpreisen.

F 9.1o

In der folgenden Tabelle sind jeweils für die Einfuhr
und die Ausfuhr für die Jahre 197o bis 1975 die Indizes
der Durchschnittswerte und der Außenhandelspreise zusammengestellt (jeweils Basis 197o).

Stellen Sie den Verlauf der Indexzahlen für die Einfuhr
und Ausfuhr getrennt graphisch dar und interpretieren
Sie das Ergebnis!

c) Der (die) Präsident(in) des SBA ist:

   1) in methodischen Fragen an die Weisungen des Bundesministers des Innern gebunden.

   2) gleichzeitig Bundeswahlleiter(in).

d) Das SBA:

   1) ist eine selbständige Bundesoberbehörde im Geschäftsbereich des Bundeskanzleramtes.

   2) nimmt die Aufgaben einer Geschäftsstelle des Sachverständigenrates zur Begutachtung der gesamtwirtschaftlichen Entwicklung wahr.

e) Das SBA:

   1) kann selbständig Statistiken anordnen und durchführen.

   2) hat auf Anforderung der obersten Bundesbehörden Gutachten über statistische Fragen zu erstellen.

f) Das SBA hat die Aufgabe:

   1) Volkswirtschaftliche Gesamtrechnungen für die Bundesrepublik zu erstellen.

   2) Daten über die Entwicklung der Zinssätze in der Bundesrepublik Deutschland zu erheben.

Jahr	Durchschnittswertindex		Preisindex	
	Einfuhr	Ausfuhr	Einfuhr	Ausfuhr
1970	100	100	100	100
1971	99	103	100,4	103,4
1972	97	103	99,8	105,5
1973	103	107	112,6	112,3
1974	129	123	144,8	131,4
1975	129	130	142,3	136,5

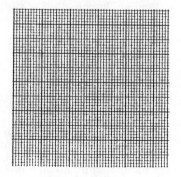 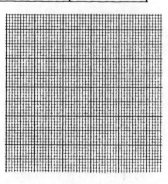

L   3.o2

richtig:

a) : 1)   d) : 2)
b) : 2)   e) : 2)
c) : 2)   f) : 1)

<u>Hinweis:</u>

Der Aufgabenbereich des SBA ist im Gesetz über die
Statistik für Bundeszwecke (StatGes) vom 3. 9. 1953
festgelegt.

<u>Literatur:</u> KUCHENBECKER, H.: Grundzüge der Wirtschafts-
statistik, 2. Aufl., Herne und Berlin 1973,
S. 15 - 24.

LIPPE, P.v.d.: Wirtschaftsstatistik, 2. Aufl.,
Stuttgart und New York 1977, S. 9 - 1o.

L   9.1o

Sowohl auf der Einfuhrseite als auch auf der Ausfuhrseite zeigen die Preisindexzahlen in allen Fällen ab
1971 höhere Indexstände als die Durchschnittswertindex-
zahlen. Werden zusätzlich Wachstumsraten berechnet, so
zeigen die Ausfuhr- und Einfuhrpreisindizes stärkere
Schwankungen als die entsprechenden Durchschnittswertindizes.

<u>Hinweis:</u>

Die Preisindizes in der Außenhandelsstatistik werden
nach dem Laspeyres-Verfahren berechnet, während bei
den Durchschnittswertindizes das Paasche-Verfahren
benutzt wird. Die Durchschnittswertindizes erfassen
demnach neben der Preisentwicklung u. a. auch Änderungen der Zahlungs- und Lieferungsbedingungen,
Qualitäts- und Transportkostenänderungen. In die
Preisindexzahlen gehen (repräsentative) Durchschnittspreise ein, die sich auf den Zeitpunkt des Vertragsabschlusses beziehen, während bei den Durchschnitts-
wertindexzahlen auf Durchschnittswerte beim Grenz-
übergang abgestellt wird.

Beschreiben Sie kurz die Unterschiede zwischen der "Amtlichen Statistik" und der "Nichtamtlichen Statistik" in bezug auf:

a) die Träger der Erhebung,
b) die Auskunfts- und Geheimhaltungspflicht!

F 9.11

Nach den Angaben des Statistischen Bundesamtes betrugen 1975 in der Bundesrepublik Deutschland (jeweils in Mrd. DM), die

a) unmittelbare Einfuhr   175,8
b) Einfuhr auf Lager   14,5
c) Ausfuhr aus Lager   4,5
d) unmittelbare Ausfuhr   221,6
e) Einfuhr aus Lager   8,5

Berechnen Sie den Umfang der Ausfuhr und der Einfuhr jeweils in der Abgrenzung des Spezialhandels und des Generalhandels. Versuchen Sie den angesprochenen Zusammenhang evtl. in einer graphischen Übersicht zu systematisieren!

L 3.o3

a) Die amtliche Statistik umfaßt die statistischen Arbeiten (Erhebung, Aufbereitung und Veröffentlichung von Gesamtergebnissen), die von Organen und Behörden der Staatsverwaltung durchgeführt werden. Es wird unterschieden zwischen (aus der allgemeinen Staatsverwaltung) ausgelöster Statistik und nichtausgelöster (Ressort-) Statistik. Zur ersten Gruppe zählen das Statistische Bundesamt, die Statistischen Landesämter und die Statistischen Ämter der Gemeinden. Träger der Ressortstatistik sind u. a. die Deutsche Bundesbank und die Bundesanstalt für Arbeit.

Die nichtamtliche (oder "private") Statistik wird überwiegend getragen von den Verbänden (Wirtschaftsverbänden, Industrie- und Handelskammern u. a.), den Instituten (Wirtschaftsforschungsinstituten, Wirtschaftswissenschaftlichen Instituten) und den Betrieben.

b) Im Rahmen der amtlichen Statistik besteht i. d. R. Auskunftspflicht (der Befragten auf die ordnungsgemäß angeordneten Fragen) und Geheimhaltungspflicht (von Einzelangaben durch die mit der Befragung beauftragten amtlichen Stellen).

L 9,11

Es errechnet sich:

Generalhandel Einfuhr 19o,3 Mrd. DM

Generalhandel Ausfuhr 226,1 Mrd. DM

Spezialhandel Einfuhr 184,3 Mrd. DM

Spezialhandel Ausfuhr 221,6 Mrd. DM.

Hinweis:

Mit Hilfe der Gleichung:
Einfuhr aus Lager ./. Ausfuhr aus Lager
= Einfuhr auf Lager
errechnet sich ausgehend von der Einfuhr auf Lager (14,5) und der Ausfuhr aus Lager (4,5) die Einfuhr aus Lager zu 1o,o. Dieses Ergebnis ist nicht identisch mit dem in der Aufgabenstellung vorgegebenen Wert von 8,5.

Bei der Benutzung der 'Lagergleichung' ist zu beachten, daß Lagerzugänge und Lagerabgänge unterschiedlichen Berichtszeiträumen angehören können, daß Abfälle, Proben und Fehlmengen statistisch nicht berücksichtigt werden.

Im Rahmen der nichtamtlichen Statistik erfolgt die
Beantwortung überwiegend auf freiwilliger Grundlage.
Die (regional und branchenmäßig häufig detaillierten)
Ergebnisse der nichtamtlichen Statistik sind oft nur
den Mitgliedern von Instituten bzw. den Befragten zu-
gänglich, unterliegen aber nicht notwendigerweise der
Geheimhaltungspflicht.

F   3.o4

Welche Vor- und Nachteile sprechen für bzw. gegen die
Abstellung auf die folgenden Prinzipien (im Rahmen der
amtlichen Statistik):

a) Legalisierung
b) fachliche Zentralisierung
c) regionale Dezentralisierung?

Führen Sie lediglich die wichtigsten Stichworte zu den
angesprochenen Prinzipien auf!

Eine Systematisierung des angesprochenen Zusammenhangs
in einer graphischen Darstellung kann wie folgt vorgenommen werden:

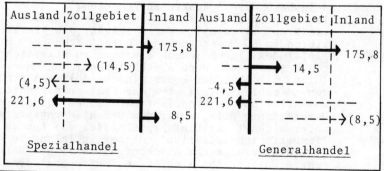

Ausland	Zollgebiet	Inland	Ausland	Zollgebiet	Inland

Spezialhandel   Generalhandel

F   9.12

Wie kann mit Hilfe der Ergebnisse der Außenhandelsstatistik des Statistischen Bundesamtes das Ausmaß der
'importierten Inflation' in der Bundesrepublik Deutschland quantifiziert werden?

L 3.o4

a) Vorteil: Schutz der Befragten gegen Eingriffe in
die persönliche Freiheit.
Nachteil: Belastung der Gesetzgebungsorgane, früh-
zeitige Festlegung und verzögerte Reali-
sierung bei neuen Bundesstatistiken.

b) Vorteil: Rationalisierungseffekt, methodische Ver-
einheitlichung.
Nachteil: Regionale Ergebnisse interessieren erst in
zweiter Linie.

c) Vorteil: größere Vertrautheit mit den örtlichen Ge-
gebenheiten.
Nachteil: Methodenpluralismus, Sonderwünsche, zeitliche Verzögerungen und oft erhöhte Kosten.

F 3.o5

An der Vorbereitung und Durchführung von Bundesstatistiken sind i. d. R. die folgenden Institutionen beteiligt:

1) Statistische Landesämter bzw. Statistische
Ämter der Gemeinden,

L 9.12

Der Einfuhrpreisindex (Laspeyres!) wird häufig als Indikator der 'importierten Inflation' angesehen. Dabei
sind insbesondere 3 Punkte zu beachten:
1. Im Einfuhrpreisindex sind in der Gruppe 'Güter der
Ernährungswirtschaft' Waren erfaßt, die preisregu-
lierenden EG-Marktordnungen unterliegen. Dem Einfuhrpreisindex liegen jedoch Preise ohne staatliche Abgaben (also auch ohne Abschöpfungen) zugrunde. Im
Inland ist aber der Preis einschließlich Abschöpfungen zu zahlen. Liegt etwa der Preis einer Ware, die
aus Drittländern eingeführt wurde und für die eine
Marktordnung gilt, unter dem Orientierungspreis, so
unterzeichnet der Einfuhrpreisindex das Ausmaß der
'importierten Inflation', da der im Inland zu zahlen-
de Preis infolge der Abschöpfung ansteigt. Der umge-
kehrte Fall ergibt sich, wenn Preise über den Orien-
tierungspreisen liegen.
2. In den Einfuhrpreisindizes schlagen sich (aufgrund
von Marktreaktionen und unterschiedlichen Vertrags-
klauseln) Wechselkursänderungen nur begrenzt nieder,
d. h. eine Aufwertung (Abwertung) der DM wird nicht
zu einem proportionalen Sinken (Ansteigen) des Einfuhrpreisindex führen.
3. Es werden nur 'Waren'-preise erfaßt.

2) Bundesministerien,

3) Bundesregierung, Bundesrat, Bundestag,

4) Statistischer Beirat,

5) Statistisches Bundesamt.

Im folgenden ist (stark vereinfacht) der Ablauf einer Bundesstatistik dargestellt. Welche der genannten Institutionen sind jeweils beteiligt?

a) Anregung bzw. Auftrag für eine Bundesstatistik,

b) Entwurf einer Rechtsgrundlage,

c) Methodisch - technische Vorarbeiten (Kostenermittlung, Erhebungsplan, Aufbereitungsplan),

d) Durchführung der Erhebung, erste Aufbereitung der Ergebnisse,

e) Veröffentlichung der regionalen Ergebnisse (Landesergebnisse),

f) Zusammenfassung der Landesergebnisse und Veröffentlichung der Bundesergebnisse.

F 9.13

Berechnen Sie mit Hilfe der folgenden Angaben, die sich auf den Spezialhandel der Bundesrepublik Deutschland beziehen, für die Einfuhr 1975 den

a) Index der tatsächlichen Werte
b) Volumenindex und
c) Durchschnittswertindex!

Einfuhr	1970	1975
tatsächliche Werte in Mrd. DM	109,6	184,3
Volumen in Mrd. DM	109,6	143,3

L 3.o5

a) : 2)   d) : 1)
b) : 2), 5) e) : 1)
c) : 5), 4) f) : 5)

Hinweis:

   Vgl. vereinfachte schematische Darstellung des Ab-
   laufes einer Bundesstatistik in Übersicht 1, S. 19
   bei KUCHENBECKER, H.: Grundzüge der Wirtschaftsstatistik, 2. Aufl., Herne und Berlin 1973.

Literatur: LIPPE, P.v.d.: Wirtschaftsstatistik, 2. Aufl.,
           Stuttgart und New York 1977, S. 11 - 12.

           Statistisches Bundesamt (Hrsg.): Das Arbeits-
           gebiet der Bundesstatistik, Ausgabe 1971,
           Stuttgart und Mainz 1971, S. 11 - 35.

L 9.13

a) $(184,3 / 1o9,6) \cdot 1oo = 168,2$
b) $(143,3 / 1o9,6) \cdot 1oo = 13o,8$
c) $(184,3 / 143,3) \cdot 1oo = 128,6$

Hinweis:

   Es wurden die in F 9.o7 betrachteten Formeln benutzt.

Literatur: ABELS, H.: Wirtschaftsstatistik, Opladen 1976,
           S. 82 - 84.

F 9.14

Bei der Berechnung von 'Austauschverhältnissen' werden
u. a. die folgenden 'terms-of-trade' benutzt:

- net-barter-terms-of-trade,
- gross-barter-terms-of-trade und
- income-terms-of-trade.

Die folgenden Statistiken werden zentral durch das Statistische Bundesamt durchgeführt, d. h. es wird in diesen Fällen nicht auf das Prinzip der regionalen Dezentralisierung abgestellt:

	ja	nein
a) Außenhandelsstatistik		
b) Preisstatistik		
c) Kostenstrukturerhebung		
d) Einkommens- und Verbrauchsstichproben		
e) Auftragseingangsstatistik		
f) Produktionsstatistik		

Wie lauten entsprechende Definitionen? Setzen Sie bei den Definitionen 1) bis 3) an den punktierten Stellen die Abkürzungen A bis F ein!

A	Durchschnittswertindex der Ausfuhr
B	Durchschnittswertindex der Einfuhr
C	Ausfuhrpreisindex
D	Einfuhrpreisindex
E	Volumenindex der Ausfuhr
F	Volumenindex der Einfuhr

1) net-barter-terms-of-trade: $(\ldots / \ldots) \cdot 100$
   oder: $(\ldots / \ldots) \cdot 100$

2) gross-barter-terms-of-trade: $(\ldots / \ldots) \cdot 100$

3) income-terms-of-trade: $(\ldots \cdot \ldots) / \ldots$
   oder: $(\ldots \cdot \ldots) / \ldots$

L 3.o6

ja bei a), c), d).

F 3.o7

Im Rahmen der amtlichen Statistik werden statistische
Daten überwiegend durch mündliche Befragung (Interview),
durch schriftliche Befragung (Fragebogen) oder durch die
Auswertung von Verwaltungsunterlagen gewonnen.

Die entsprechenden Daten sind dabei jeweils einer der
folgenden Skalen zuzuordnen:

1) Nominalskala
2) Ordinalskala
3) Intervallskala
4) Rationalskala

L 9.14

1): $(A/B) \cdot 1oo$ oder $(C/D) \cdot 1oo$

2): $(E/F) \cdot 1oo$

3): $(A \cdot E)/B$ oder $(C \cdot E)/D$

Hinweis:

> Bei der Quantifizierung des 'Austauschverhältnisses'
> wird i. d. R. von den net-barter-terms-of-trade (oder
> synonym den commodity-terms-of-trade) ausgegangen,
> d. h. von einem Preisverhältnis (bzw. Durchschnitts-
> wertverhältnis). Die gross-barter-terms-of-trade stel-
> len demgegenüber ein reines Mengenverhältnis (Volu-
> menverhältnis) dar. Bei beiden Definitionen wird ein
> Aspekt des Austausches von Werten im Außenhandel ver-
> nachlässigt, einmal die Mengen und zum anderen die
> Preise. Die income-terms-of-trade versuchen aus der
> Sicht des Inlandes beide Aspekte der Wertänderung zu
> berücksichtigen.

Literatur: MORDI, O.: Zur Quantifizierung des Terms-of-
           trade-Effektes, in: Statistische Hefte 1971.12,
           S. 37 - 46.
           ROSTIN, W.: Die Indices der Außenhandelsprei-
           se auf Basis 197o, in: Wirtschaft und Stati-
           stik 1974.6, S. 393 - 394.

Beziehen Sie jeweils eines der folgenden Stichworte und
Beispiele auf die genannten Skalen!

Stichwort:

a) Identität und Rangfolge (d. h. Vor- und Nachordnung),
b) Identität und Differenzengleichheit,
c) Identität (d. h. Gleichheit oder Ungleichheit),
d) Identität, Summen-, Differenzen-, Produkt- und Quotientengleichheit.

Beispiel:

A) Kohleproduktion (in Tonnen) der Periode t,
B) Temperaturangaben in Grad Celsius des Wetteramtes Essen,
C) Bildungsgrad im Rahmen der Bevölkerungsstatistik,
D) Numerierung der Bilanzpositionen in der Bankenstatistik.

F 9.15

In der folgenden Tabelle sind die Indexstände der Einfuhr- und Ausfuhrpreisindizes für die Jahre 1969 bis 1975 (Basis der Indexzahlen: 1970) zusammengefaßt.

Jahr	Einfuhrpreisindex	Ausfuhrpreisindex
1969	101,0	96,0
1970	100	100
1971	100,4	103,4
1972	99,8	105,7
1973	112,6	112,3
1974	144,8	131,4
1975	142,3	136,5

Berechnen Sie für die Jahre 1969 bis 1970 die net-barter-terms-of-trade (bzw. commodity-terms-of-trade) und interpretieren Sie den Verlauf des warenmäßigen Austauschverhältnisses im betrachteten Zeitraum!

L 3.o7
1): c) und D)   3): b) und B)
2): a) und C)   4): d) und A)

F 3.o8

Die interessierenden Merkmale einer statistischen Masse
können (vereinfacht) wie folgt eingeteilt werden:

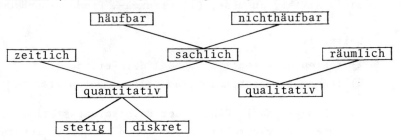

Im folgenden sind jeweils zwei Merkmale aufgeführt, von
denen eines nicht in den angesprochenen Zusammenhang
hineinpaßt. Streichen Sie dieses Merkmal!

L 9.15
Die net-barter-terms-of-trade in den Jahren 1969 bis
1975 betragen:

1969	1970	1971	1972	1973	1974	1975
95,o	1oo	1o3,o	1o5,9	99,7	9o,7	95,9

In den Jahren 197o bis 1972 zeigt sich ein deutlicher
Anstieg der net-barter-terms-of-trade, da die Ausfuhrpreise in diesem Zeitraum im Vergleich zu den Einfuhr-
preisen stärker gestiegen sind. 1973 bis 1975 liegen die
net-barter-terms-of-trade unter 1oo, da bei weiterhin
steigenden Ausfuhrpreisen die Einfuhrpreise überproportional gestiegen sind.
Bei der Interpretation dieser Zahlen ist zu beachten, daß in den benutzten Indexzahlen nur die Preisveränderungen im Außenhandel Berücksichtigung finden
und die Preisstände frei Grenze betrachtet werden,
d. h. Teile der Transportkosten, staatliche Abgaben
und Wechselkursänderungen werden nicht berücksichtigt.

84

a) Stetige Merkmale einer Person sind:
   Alter   -   Einkommen.

b) Diskrete Merkmale einer Person sind:
   Körpergröße   -   Zahl der Geschwister.

c) Quantitative Merkmale einer Person sind:
   Familienstand   -   Einkommen.

d) Qualitative Merkmale einer Person sind:
   Geschlecht   -   Gewicht.

e) Zeitliche Merkmale einer Person sind:
   Alter   -   Krankheit.

f) Sachliche Merkmale einer Person sind:
   Beruf   -   Geburtsort

g) Räumliche Merkmale einer Person sind:
   Wohnort   -   Familienstand.

h) Häufbare Merkmale einer Person sind:
   Geschlecht   -   Beruf.

i) Nichthäufbare Merkmale einer Person sind:
   Intelligenzquotient   -   Krankheit.

Hinweis:

Die net-barter-terms-of-trade für 1975 (95,9) zeigen, daß infolge des stärkeren Anstiegs der Einfuhrpreise im Vergleich zu den Ausfuhrpreisen bei gleichbleibender Ausfuhrhöhe aufgrund des Erlöses für die exportierten Waren weniger importiert werden kann. Dieser 'Außenhandelsnachteil' geht lediglich von Preisänderungen aus, wobei im Einfuhrpreisindex cif-Preise und im Ausfuhrpreisindex fob-Preise zugrunde gelegt werden.

F 9.16

Im internationalen Handel (Welthandel, einschl. Ostblockländer) betrug im Jahre 1975

a) die Einfuhr 22o1,7 Mrd. DM und
b) die Ausfuhr 2154,9 Mrd. DM.

Welche Gründe können für den Unterschied zwischen Einfuhr und Ausfuhr im Jahre 1975 angeführt werden?

L 3.o8

Zu streichen sind:

a): Einkommen,   f): Geburtsort,
b): Körpergröße,   g): Familienstand
c): Familienstand,   h): Geschlecht,
d): Gewicht,   i): Intelligenzquotient.
e): Krankheit,

Hinweis:

Bei häufbaren Merkmalen ist darauf zu achten, daß (z.
B. durch die Benutzung adäquater Systematiken) Doppelzählungen ausgeschaltet werden.

Qualitative Merkmale sind für statistische Zwecke
(durch Verschlüsselung) in quantitative Merkmale zu
transformieren.

Stetige Merkmale können (etwa durch Gruppenbildung)
in diskrete Merkmale umgewandelt werden.

Bei den zeitlichen Merkmalen ist zwischen Bestandsgrößen (Stichtag) und Bewegungsgrößen (Referenzzeit-
raum) zu unterscheiden.

Literatur: Zur Übersicht vgl.: MENGES, G.: Grundriß der
           Statistik Teil 1, Theorie, 2. Aufl., Opladen
           1972, S. 75.

L 9.16

Die Einfuhren werden in der Regel zu cif-Preisen erfaßt,
die Ausfuhren zu fob-Preisen.

Es werden z. T. unterschiedliche Erhebungskonzepte (Ge-
neralhandel/Spezialhandel u. a.) benutzt.

Insbesondere im Bereich des Transportes zur See spielt
infolge der relativ langen Transportdauer das Problem
der Periodenabgrenzung eine Rolle.

Die Umrechnung in DM (Jahresdurchschnittskurse) ist nicht
unproblematisch.

Die Angaben für die Ostblockländer sind teilweise ge-
schätzt.

Literatur: HÜTTNER, M.: Grundzüge der Wirtschafts- und
           Sozialstatistik, Wiesbaden 1973, S. 153 - 161.

F   3.09

Setzen Sie die folgenden Begriffe in das vorgegebene
Schema ein:

Bevölkerung - Zeitraum - Erhebung - laufend - Registrie-
rung - ad hoc - Zeitpunkt - Geburten!

Kriterium	Bestandsmasse	Bewegungsmasse
Art der Beobachtung		
Durchführung der Beobachtung		
Erfassung		
Beispiel		

F   9.17

In der folgenden Übersicht sind für die Jahre 1963 bis
1975 die Entwicklung der Ausfuhr der Gewerblichen Wirtschaft (Spezialhandel, tatsächliche Werte in Mrd. DM)
und die Entwicklung des Index der industriellen Nettoproduktion der Gesamten Industrie (kalendermonatlich, 1970=
100) zusammengefaßt. Stellen Sie die Wachstumsraten beider Zeitreihen in einem Koordinatensystem (s. S. 88)
graphisch dar!

Jahr	Ausfuhr der Gewerb- lichen Wirtschaft in Mio. DM	Index der industriellen Nettoproduktion der Ge- samten Industrie
1963	56742	68,2
1964	63039	74,3
1965	69361	78,3
1966	78301	79,0
1967	84166	76,6
1968	96098	83,5
1969	109308	93,9

(Forts. n. S.)

L 3.o9

ad hoc	laufend
Erhebung	Registrierung
Zeitpunkt	Zeitraum
Bevölkerung	Geburten

Hinweis:

In diesem Zusammenhang wird häufig von der Fortschreibung Gebrauch gemacht. So wird etwa in der
Bevölkerungsstatistik die Wohnbevölkerung (Be-
standsmasse) über die Geburten, Sterbefälle, Zu-
wanderungen und Abwanderungen (Bewegungsmassen)
fortgeschrieben.

Literatur: MENGES, G.: Grundriß der Statistik Teil 1,
          Theorie, 2. Aufl., Opladen 1972, S. 65 - 7o.

Jahr	Ausfuhr der Gewerb-lichen Wirtschaft in Mio. DM	Index der industriellen Nettoproduktion der Ge-samten Industrie
197o	12o194	1oo
1971	13o145	1o2,o
1972	142184	1o6,o
1973	169392	112,9
1974	219387	111,o
1975	2o9784	1o4,1

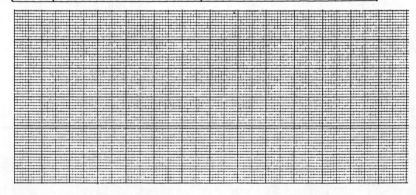

Im Rahmen der amtlichen Statistik werden zahlreiche
Systematiken benutzt, so u. a. Unternehmens- und Be-
triebssystematiken, Gütersystematiken und Personensyste-
matiken.

Unter welchen Zielsetzungen erfolgt die Aufstellung
derartiger Systematiken?

Welche der folgenden Behauptungen sind richtig?

a) Beide Reihen weisen einen überwiegend gleich-
   förmigen zyklischen Verlauf auf.

b) Die Wendepunkte beider Zeitreihen stimmen
   überein.

c) Das Niveau (die durchschnittliche Wachstumsrate) beider Reihen ist in etwa gleich.

d) Die Schwankungen (die Standardabweichungen)
   beider Reihen unterscheiden sich deutlich:
   die Schwankungen sind bei den Ausfuhren we-
   sentlich stärker ausgeprägt als bei dem Index
   der industriellen Nettoproduktion.

e) Die Ausfuhrentwicklung läuft der Produktions-
   entwicklung um durchschnittlich 1 Jahr voraus.

f) Im Abschwung 1967 sind die Ausfuhrwerte unter-
   proportional gesunken.

g) Die unteren Wendepunkte beider Zeitreihen
   stimmen im betrachteten Zeitraum überein.

h) Die beiden Zeitreihen sind nur mit Einschränkungen vergleichbar.

L 3,1o

1) Gleiche statistische Einheiten sollen gleichen Positionen zugeordnet werden.

2) Bei häufbaren Merkmalen müssen Doppelzählungen vermieden werden (Hauptberufskonzept, Schwerpunktprinzip u. a.).

3) Systematiken erleichtern die Zusammenführung von
   Einzelstatistiken (etwa im Rahmen der Volkswirtschaftlichen Gesamtrechnung).

L 9.17

Die Wachstumsraten der Ausfuhr 1964 bis 1975 betragen:
11,1; 1o,o; 12,9; 7,5; 14,2; 13,8; 1o,o; 8,3; 9,3; 19,1;
29,5; -4,4. Für den Index der industriellen Nettoproduktion errechnen sich die Wachstumsraten in den Jahren 1964
bis 1975 zu: 8,9; 5,4; 8,9; -3,o; 9,o; 12,5; 6,5; 2,o;
3,9; 6,5; -1,7; -6,2.

a) Die Behauptung ist richtig, wenngleich sich Unterschiede in der Entwicklung bei den oberen Wendepunkten
   1968/69 bzw. 1973/74 zeigen.
b) Für die unteren Wendepunkte richtig, für die oberen
   Wendepunkte s. die Bemerkung zu a).
c) Falsch. Das arithmetische Mittel der Wachstumsraten
   beträgt bei der Ausfuhr 11,8 und bei der Nettoproduktion 4,4.
d) Falsch. Die Standardabweichungen betragen 5,55 bzw.
   5,38.
e) Falsch. Gleichlauf beider Reihen.
f) Richtig. Die erste Differenz der Wachstumsraten beträgt -5,4 im Vergleich zu -11,9.
g) Richtig.
h) Richtig. Es handelt sich um unterschiedliche Erhebungen und um unterschiedliche Bereichsabgrenzungen.

Ein Mehrproduktbetrieb weist für 1975 (fiktive Zahlen) einen Gesamtumsatz von 1o Mrd. DM bei 75ooo Beschäftigten aus. Umsatz und Beschäftigte teilen sich dabei wie folgt auf die Warengruppen (Zweisteller) des Systematischen Warenverzeichnisses für die Industriestatistik (Ausgabe 197o) auf:

	Umsatz in Mrd. DM	Beschäftigte in Tsd.
Chemische Erzeugnisse	1,1	8,4
Maschinenbauerzeugnisse	1,2	9,1
Elektrotechnische Erzeugnisse	3,o	29,1
Eisen-, Blech- und Metallwaren	4,7	28,4

Wie wird (im Rahmen der amtlichen Industriestatistik) der Umsatz des Betriebes entsprechend dem Hauptbeteiligtenkonzept bzw. entsprechend dem Beteiligtenkonzept nachgewiesen?

1o. PREISENTWICKLUNG

Das (binnenländische) Preisniveau einer Volkswirtschaft für eine abgelaufene Periode wird i. d. R. als gewichtetes arithmetisches Mittel aller (in der abgelaufenen Periode) gezahlten Einzelpreise definiert, wobei eine Gewichtung an Hand der ökonomischen Bedeutung der gehandelten Güter Dienstleistungen und Forderungen erfolgen soll.

a) Wie ist ausgehend von dieser Preisniveaudefinition der Geldwert einer Volkswirtschaft (für eine abgelaufene Periode) zu definieren?

b) Welche Hauptschwierigkeiten ergeben sich unter wirtschaftsstatistischen und wirtschaftspolitischen Aspekten aufgrund dieser Preisniveaudefinition?

c) Wie wird das 'Preisniveau' einer Volkswirtschaft wirtschaftsstatistisch abgegrenzt?

L   3.11

Umsatz nach dem Hauptbeteiligtenkonzept in der Elek-
trotechnischen Industrie: 1o Mrd. DM. Der Umsatz nach
dem Beteiligtenkonzept wird wie dargestellt getrennt
ausgewiesen (Gliederung nach Warengruppen).

Hinweis:

In der amtlichen Industriestatistik wird eine Gliederung der 'Beschäftigten' und des 'Umsatzes' nach
hauptbeteiligten Industriegruppen (Industriezweigen)
und nach beteiligten Industriegruppen (Warengruppen)
vorgenommen. Beim Hauptbeteiligtenkonzept sind Mehrproduktbetriebe dem Schwerpunkt (gemessen an der Beschäftigtenzahl) nach den Industriegruppen des
Systematischen Verzeichnisses zum monatlichen Industriebericht zuzuordnen. Beim Beteiligtenkonzept
erfolgt eine fachliche Untergliederung nach dem
Systematischen Warenverzeichnis für die Industriestatistik (Gliederung nach Produkten).

F   3.12

Die Systematik der Wirtschaftszweige gliedert die

Volkswirtschaft in die folgenden Abteilungen:

L   1o.o1

a) Reziproker Wert des Preisniveaus.

b) Die angeführte Definition ist unter wirtschaftsstatistischen und wirtschaftspolitischen Aspekten
   wenig operational. Aus wirtschaftsstatistischer
   Sicht ist es praktisch nicht möglich, alle Faktor-
   und Produktpreise einer Volkswirtschaft statistisch
   zu erfassen. Aus wirtschaftspolitischer und sozial-
   politischer Sicht wird kaum von einer erfolgreichen
   Politik der Preisniveaustabilisierung gesprochen
   werden können, wenn (bei sonst konstanten Preisen)
   Konsumpreissteigerungen durch sinkende Geldlöhne
   kompensiert werden.

c) Wirtschaftsstatistisch und wirtschaftspolitisch erscheint es nach b) angebracht zu sein, in Teilbereichen der Volkwirtschaft (Außenhandel, industrielle
   Produktion, privater Verbrauch u. a.) die Preisentwicklung ausgewählter ('typischer') Waren und Dienstleistungen zu beobachten und zu Preisindexzahlen zu-
   sammenzufassen. Als konventioneller Maßstab der 'Preis-
   niveaustabilität' gilt z. Zt. (in der Bundesrepublik
   Deutschland) die Wachstumsrate des Preisindex für die
   Lebenshaltung aller privaten Haushalte (bzw. der
   mittleren Verbrauchsgruppe).

```
0   Land- und Forstwirtschaft
1   1o      Energiewirtschaft und Wasserversorgung
    11      Bergbau
2   Verarbeitendes Gewerbe
3   Baugewerbe
4   Handel
5   Verkehr und Nachrichtenübermittlung
6   Kreditinstitute und Versicherungsunternehmen
7   Dienstleistungen (soweit von Unternehmen und
    freien Berufen erbracht)
8   Organisationen ohne Erwerbscharakter und
    private Haushalte
9   Gebietskörperschaften und Sozialversicherung
```

Ergänzen Sie die fehlenden Begriffe!

a) _____   b) _____

   + _____   + _____

   + _____   + _____

   + _____   + _____

   = Warenproduzie-   = Verarbeitende
     rendes Gewerbe   Industrie

   - _____   + _____

   = Industrie   = Verarbeitendes
                                    Gewerbe

F   1o.o2

Im Rahmen der Preisstatistik des Statistischen Bundesamtes werden monatlich 'Einkaufs-' und 'Verkaufs-
preisindexzahlen' u. a. für die folgenden Bereiche
der Volkswirtschaft berechnet: Industrie, Handel,
private Haushalte und Außenwirtschaft.

Ordnen Sie die Punkte 1) bis 5) den Tabellenfeldern
zu!

1) Ausfuhrpreisindex
2) Einfuhrpreisindex
3) Index der Erzeugerpreise industrieller Produkte
4) Einzelhandelspreisindex
5) Preisindizes für die Lebenshaltung

	'Einkaufs'- preisindizes	'Verkaufs'- preisindizes
Außenwirtschaft		
Industrie		
Handel		
private Haushalte		

L 3.12

Jeweils von oben nach unten sind einzutragen:

a) Energiewirtschaft und Wasserversorgung
   + Bergbau
   + Verarbeitendes Gewerbe
   + Baugewerbe
   = Warenproduzierendes Gewerbe
   - Warenproduzierendes Handwerk
   = Industrie

b) Grundstoff- und Produktionsgüterindustrien
   + Investitionsgüterindustrien
   + Verbrauchsgüterindustrien
   + Nahrungs- und Genußmittelindustrien
   = Verarbeitende Industrie
   + Verarbeitendes Handwerk
   = Verarbeitendes Gewerbe

Hinweis:

Ab 1. 1. 1977 wird im Rahmen der Neuordnung der Statistik des Produzierenden Gewerbes die Berichterstattung auf das gesamte Produzierende Gewerbe ausgedehnt, d. h. es wird nicht mehr die Produktion des Warenproduzierenden Handwerks ausgeklammert und damit (wie international üblich) Industrie und Warenproduzierendes Gewerbe gleichgesetzt. Entsprechendes gilt für die Unterteilung nach b).

L 1o.o2

	'Einkaufs'-preisindizes	'Verkaufs'-preisindizes
Außenwirtschaft	Einfuhr-preisindex	Ausfuhr-preisindex
Industrie	-	Index der Erz.-preise ind.Prod.
Handel	-	Einzelh.-preisindex
private Haushalte	P.index für die L.haltg.	-

Hinweis:

Die Außenhandelspreisindizes werden im Kapitel 9 'Außenhandelsentwicklung' betrachtet.

Eine ausführlichere (tabellarische) Darstellung findet sich bei Kuchenbecker, H.: Grundzüge der Wirtschaftsstatistik, 2. Aufl., Herne und Berlin 1973, S. 141.

94

Die wichtigsten Formen der statistischen Teilerhebung lassen sich (vereinfacht) wie folgt schematisch darstellen:

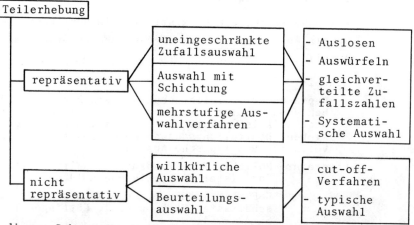

Gilt dieses Schema für Primär- oder Sekundärstatistiken?
Gibt es für eine Vollerhebung ein ähnliches Schema?

F 1o.o3

Der 'Preis' eines Gutes oder einer Dienstleistung ist
der in Währungseinheiten ausgedrückte, beim Abschluß
des Kaufvertrages vereinbarte Gegenwert für die Über-
lassung eines Gutes oder die Ausführung einer Dienstleistung.
(so Wagenführ, R.: Wirtschafts- und Sozialstatistik,
Band 1, Freiburg 197o, S. 49of.)

Skizzieren Sie anhand des folgenden Verkaufsvorganges
die Hauptprobleme bei der Ermittlung und beim zeitlichen Vergleich von Preisen!

Der Kunde einer Kohlenhandlung kann seine Zentral-
heizung mit Brikett, Eierkohlen oder Koks versorgen.
Er entscheidet sich im Herbst 1976 für den Koks der
Sorte 2, der zwar teurer ist als derjenige der
Sorte 1, dessen Heizwert aber größer ist als derjenige der Sorte 1. Da der Kunde 1o Tonnen abnehmen
will, wird nach dem günstigeren 1o-Tonnen-Satz ab-
gerechnet. Der Händler erklärt sich damit einver-
standen, daß die Ware kostenlos geliefert wird und
daß vom Rechnungsbetrag 2 % Skonto abgezogen werden können.

L 3.13

Das angeführte Schema gilt für Primärstatistiken. Bei Sekundärstatistiken entfällt das Problem der Erhebung des Datenmaterials (Sekundärstatistiken können allerdings auch teilweise aufbereitet werden!).

Für eine Vollerhebung existiert kein ähnliches Schema, da ein Auswahlproblem im angesprochenen Sinn hier nicht existiert.

Hinweis:

Repräsentative Teilerhebungen werden auch Stichproben genannt. Ihr Anwendungsbereich in der amtlichen Statistik ist allerdings begrenzt; hier werden überwiegend Beurteilungsauswahlen eingesetzt (cut-off-Verfahren und typische Auswahl).

Literatur: HÜTTNER, M.: Grundzüge der Wirtschafts- und Sozialstatistik, Wiesbaden 1973, S. 45.

ESENWEIN-ROTHE, I.: Die Methoden der Wirtschaftsstatistik, Band 1, Göttingen 1976, S. 32 - 54.

L 1o.o3

Das Beispiel des Verkaufsvorgangs macht deutlich, daß bei der Ermittlung und beim zeitlichen Vergleich von Einzelpreisen folgende Punkte festzulegen und im Zeitablauf konstant zu halten sind, um einen reinen Preisvergleich zu ermöglichen:
Art, Qualität, Menge (Umfang) und Konditionen.

Hinweis:

P. J. Deneffe (Zum Preisbegriff und zur Methodik der Preisstatistik, in: Blind, A.: Umrisse einer Wirtschaftsstatistik, Hamburg 1966, S. 181-189) schreibt (S. 183f.):"Während im allgemeinen eine konkrete Vorstellung über die Art und qualitätsmäßige Bezeichnung eines Gutes und über die Bezeichnung der Mengen ... besteht, ist meist weniger klar, was unter 'Konditionen' zu verstehen ist, und inwieweit diese den 'Preis' seiner Höhe nach mitbestimmen: ... Vereinbarungen über den Erfüllungsort ... Kosten für Transport und Verpackung ... Zahlungsmodalitäten ... Zusicherungen über Liefertermine, über die Einhaltung von Qualitätsbedingungen, über Rückgabemöglichkeiten unter be-

F 3.14

Bei den folgenden (amtlichen) Statistiken handelt es
sich um Sekundärstatistiken.

	ja	nein
a) Volkszählung	☐	☐
b) Volkswirtschaftliche Gesamtrechnung	☐	☐
c) Arbeitslosenstatistik	☐	☐
d) Verbraucherpreisstatistik	☐	☐
e) Außenhandelsstatistik	☐	☐
f) Auftragseingangsstatistik	☐	☐

---

stimmten Bedingungen, über Garantieleistungen ...,
über Aufstellung, Ingangsetzung und Betreuung. ...
Den 'Preis' muß man sich also vorstellen als abhängig
von allen diesen Bedinungen des Kaufkontraktes".

F 1o.o4

Die Indizes der Erzeugerpreise industrieller Produkte
und die Preisindizes für die Lebenshaltung stellen
wichtige kurzfristige Indikatoren der Preisentwicklung
dar. Bei der Erfassung der Preise für typische Güter
wird in diesen Bereichen ausgegangen von:

	richtig	falsch
1) Tarifen	☐	☐
2) Börsenpreisen	☐	☐
3) der Befragung von Verbrauchern	☐	☐
4) Katalogen und Preislisten	☐	☐
5) der Befragung von Händlern und Produkten.	☐	☐

L 3.14

ja: b), c), e); nein: a), d), f).

Hinweis:

Bei Sekundärstatistiken wird vorliegendes (evtl. auch für andere Zwecke erhobenes) Datenmaterial verwendet, wobei lediglich eine Aufbereitung erfolgt.

Im Rahmen der Erstellung von Volkswirtschaftlichen Gesamtrechnungen für die Bundesrepublik Deutschland muß auf eine Vielzahl von Statistiken zurückgegriffen werden, das primär zu administrativen oder fiskalischen Zwecken erhoben wurde.

Die Arbeitslosenstatistik basiert auf der Auszählung der Vermittlungskarteien der Arbeitsämter, während die Außenhandelsstatistik sich auf die Zollanmeldepapiere zur Ein- und Ausfuhr stützt.

L 1o.o4

Falsch: 3); Richtig: sonst.

Literatur: WAGENFÜHR, R.: Wirtschafts- und Sozialstatistik, Band 1, Freiburg 197o,
S. 491-493.

F 1o.o5

Ein wichtiges Problem in der Preisstatistik stellt die Ausschaltung erkannter Qualitätsänderungen dar.

a) Wie kann im folgenden Beispiel (fiktive Zahlen) die Qualitätsänderung rechnerisch ausgeschaltet werden?

Bei einem Stereoplattenspieler wurde zur Jahreswende 1972/73 ein Modell mit technischen Verbesserungen am Laufwerk angeboten. Gleichzeitig wurde die ältere Ausführung nicht weiter produziert. Wie

Im Rahmen der amtlichen Statistik werden primär

- Vollerhebungen (V)
- repräsentative Teilerhebungen bzw. Stichproben (S)
- Abschneideverfahren bzw. cut-off-Verfahren (A)
- typische Auswahlen (T)

bei der Erhebung statistischer Daten eingesetzt.

Ordnen Sie die angeführten Buchstaben (V), (S), (A) und (T) den folgenden Statistiken zu:

a) Außenhandelsstatistik
b) Mikrozensus
c) Volkszählung
d) Zensus im Warenproduzierenden Gewerbe
e) Monatlicher Industriebericht
f) Laufende Wirtschaftrechnungen privater Haushalte
g) Verbraucherpreisstatistik

---

lautet die Preismeßziffer (nach Ausschaltung der Qualitätsverbesserung) für das neue Modell im Januar 1973, wenn Sie annehmen, daß die Preiserhöhung allein auf die Qualitätsveränderung zurückzuführen ist?

Zeitpunkt	alte Ausführung		neue Ausführung	
	Preis	Meßziffer	Preis	Meßziffer
1970 (Basis)	500	1	-	
Dezember 1972	550	1,1	660	
Januar 1973	-	-	720	

b) Wie ändert sich das Ergebnis, wenn Sie annehmen, daß 55 DM des Preisunterschiedes im Dezember 1972 der Qualitätsverbesserung zuzurechnen sind und die restlichen 55 DM eine Preiserhöhung darstellen?

c) Wie groß ist der relative Fehler der Preismeßzahl gegenüber a), wenn die Qualitätsänderung nicht ausgeschaltet wird?

L 3.15

a): (A); b): (S); c): (V); d): (S); e): (A);

f): (T); g): (T).

Hinweis:

In der amtlichen Statistik domonieren nichtre-
präsentative Teilerhebungen.

"Die verschiedenen Verfahren zur bewußten Auswahl
der Teilgesamtheit für eine Repräsentativstatistik
haben sämtlich der Zufallsstichprobe voraus, daß
sie weniger Planungsarbeit und -kosten verursachen.
Dies wird mit dem Nachteil erkauft, daß weder Genauigkeit noch Sicherheit der Ergebnisse nachprüf-
bar sind. Andererseits bereitet es meist keine
Schwierigkeiten, regionale oder fachliche Aus-
schnitte aus der Teilerhebung herauszulösen und
deren Ergebnisse zu interpretieren." (ESENWEIN-
ROTHE, I.: Die Methoden der Wirtschaftsstatistik 1,
Stuttgart 1976, S. 47).

L 1o.o5

a) Die Meßziffer für den Dezember 1972 der alten Ausführung ist auf die neue Ausführung zu übertragen.
Damit ergibt sich als Basispreis (197o) für die
neue Ausführung: 66o/1,1=6oo. Für die Meßziffer
im Januar 1973 gilt: 72o/6oo=1,2.

b) Der Basispreis wird um den Unterschiedsanteil erhöht, um den sich die Qualität verbessert hat:
(55/55o)·1oo=1o%. Um diesen Prozentsatz ist der
Basispreis zu erhöhen (neuer Basispreis: 55o). Die
Meßziffer für den Januar 1973: 72o/55o=1,31.

c) Ohne Ausschaltung der Qualitätsänderung lautet die
Preismeßzahl für den Januar 1973: 72o/5oo=1,44.
Der relative Fehler beträgt dann:
(1,2 - 1,44): 1,44=-o,17 oder -17%.

F 1o.o6

Ordnen Sie den 5 Preisindizes für die Lebenshaltung
(hier mit Preisindex bezeichnet) einen kleinen Buchstaben (Haushaltsstruktur) und einen großen Buchstaben (Anwendungsbereich) zu!

Aus Aktualitäts- und Kostengründen wird in der amtlichen Statistik vielfach von einem kombinierten Einsatz von Strukturerhebungen und laufenden (kurzfristigen) Erhebungen ausgegangen.

a) Worin liegen die Hauptunterschiede der beiden genannten Erhebungsarten?

b) Nennen Sie Beispiele aus der Verbraucherpreisstatistik und der industriellen Produktionsstatistik für den kombinierten Einsatz von Strukturerhebungen und laufenden Erhebungen!

---

1) Preisindex für die untere Verbrauchergruppe
2) Preisindex für die mittlere Verbrauchergruppe
3) Preisindex für die obere Verbrauchergruppe
4) Preisindex für alle privaten Haushalte
5) Preisindex für die einf. L.haltung eines Kindes

a) 4-Personen-Arbeitnehmerhaushalt mit mittlerem Einkommen des alleinverdienenden Haushaltsvorstandes
b) Fiktiver Haushalt gemäß dem Durchschnitt aller privaten Haushalte
c) 2-Personen-Haushalt von Renten- und Sozialhilfeempfängern
d) 4-Personen-Haushalt von Angestellten und Beamten mit höherem Einkommen
e) Bedarfsschema (1965) für den Durchschnitt aller Altersklassen vom 1. bis 18. Lebensjahr

A) Durchschnittliche Verbraucherpreisentwicklung
B) Existenzminimum
C) Mindestunterhaltsforderungen unehelicher Kinder
D) Tarifverhandlungen, konventioneller Maßstab des Preisniveau
E) Kaufkraftentwicklung für den 'sozialpolitischen Modellhaushalt': höhere Einkommensgruppe.

Warum ist es sinnvoll, gleichzeitig 5 Preisindizes für die Lebenshaltung zu berechnen und zu veröffentlichen?

L   3.16

a) Strukturerhebungen werden i. d. R. in mehrjährigen
   Abständen durchgeführt und stellen umfassende Be-
   schreibungen von Teilbereichen dar. Die Ergebnisse
   werden häufig zur (Neu-)Festlegung der Warenkörbe
   von Indexzahlen und zur (Neu-)Abgrenzung (etwa cut-
   off) bei kurzfristigen Statistiken benutzt.
   Die laufenden Erhebungen liefern die kurzfristigen
   wirtschaftlichen Indikatoren, wobei häufig von cut-
   off-Verfahren oder von typischen Auswahlen ausgegangen wird. Bei der Veröffentlichung statistischer Ergebnisse in Form von Indexzahlen liefern die laufenden Erhebungen die Grundlagen für die kurzfristige
   Fortschreibung.

b) Verbraucherpreisstatistik: etwa Preisindex für die
   Lebenshaltung aller privaten Haushalte, Bestimmung
   des Warenkorbes über Einkommens- und Verbrauchsstichproben (Strukturerhebungen) und laufende (monatliche) Fortschreibung durch monatliche Preisnotierung.
   Industrielle Produktionsstatistik: Zensus im Produzierenden Gewerbe (Strukturerhebung) u. a. zur Ge-
   winnung von Unterlagen zur Bestimmung der im Rahmen
   des cut-off des Monatlichen Industrieberichts (laufende Erhebung) zu erfassenden Betriebe und zur Bestimmung der Gewichtsunterlagen des Index der indu-

---

L   1o.o6

1): c),B); 2): a),D); 3): d),E); 4): b),A); 5): e),C).

Die Berechnung von Preisindexzahlen für die Lebenshaltung aus demselben Preismaterial ist sinnvoll, da
die Ausgaben für die Lebenshaltung und damit die Zu-
sammensetzung des Warenkorbs primär abhängig sind von
der Einkommenshöhe (Haushaltstypen!) und der Personenzahl (Haushaltsstruktur!).

F   1o.o7

In den Warenkörben der Preisindizes für die Lebenshaltung werden jeweils (haushalts-)typische Positionen
erfaßt!

Welche der folgenden Vorgänge werden im Preisindex für
die Lebenshaltung von 4-Personen-Arbeitnehmerhaushal-

striellen Nettoproduktion, der teilweise mit Hilfe
von Angaben aus dem Produktionseilbericht (laufende
Erhebung) fortgeschrieben wird.

F 3.17

Die Veröffentlichungen des Statistischen Bundesamtes
werden gewöhnlich in drei Gruppen eingeteilt:
1) Zusammenfassende Veröffentlichungen
2) Fachveröffentlichungen
3) Systematische Verzeichnisse.
Ordnen Sie die folgenden Beispiele für Veröffentlichungen des Statistischen Bundesamtes diesen Gruppen zu!
a) Monatsschrift "Wirtschaft und Statistik"
b) Fachserie D: Industrie und Handwerk
c) Statistisches Jahrbuch für die Bundesrepublik
   Deutschland
d) Fachserie G: Außenhandel
e) Verzeichnis der Aktiengesellschaften
f) Das Arbeitsgebiet der Bundesstatistik.

---

ten mit mittlerem Einkommen des alleinverdienenden
Haushaltsvorstandes berücksichtigt?

	berück-sichtigt	nicht be-rücksicht.
1) Kauf eines gebrauchten PKW	☐	☐
2) Kauf einer Eigentumswohnung	☐	☐
3) Kauf von Antiquitäten	☐	☐
4) Kauf von Devisen vor einem Urlaub im europäischen Ausland	☐	☐
5) Kauf eines 1-kg-Goldbarrens	☐	☐
6) Kauf einer Eintrittskarte zu einem Fußballspiel	☐	☐
7) Kauf eines neuen PKW bis 15oo ccm-Hubraum	☐	☐
8) Zahlung der Wohnungsmiete	☐	☐
9) Zahlung der Rundfunk- und Fernsehgebühr	☐	☐
1o) Kauf einer Flugkarte im Rahmen des Binnenflugverkehrs	☐	☐

L 3.17

1: a), c), f)   2: b), d)   3: e)

Hinweis:

Zusätzlich zu den angeführten Publikationen gibt
das Statistische Bundesamt "jährlich bis zu
4oo Pressenotizen heraus, die an die Nachrichten-
agenturen, an großen Zeitungen, Zeitschriften oder
einzelne Journalisten versandt werden. Diese Presse-
mitteilungen erscheinen mit der Eingangsformel 'Wie
das Statistische Bundesamt mitteilt...' fast täg-
lich in einer großen Zahl von Zeitungen ... . Im
Rahmen eines speziellen Statistischen Auskunfts-
dienstes werden ferner in zunehmendem Maße zahlreiche Anfragen aus dem In- und Ausland über allgemeine und spezielle statistische Fachfragen be-
antwortet" (Statistisches Bundesamt (Hrsg.): Das
Arbeitsgebiet der Bundesstatistik, Ausgabe 1971,
Stuttgart und Mainz 1971, S. 32).

L 1o.o7

Nicht berücksichtigt: 1) bis 5)

Berücksichtigt: 6) bis 1o).

Hinweis:

Die angeführten Beispiele zeigen, daß die Auswahl
'typischer' Vorgänge mitunter zu Abgrenzungspro-
blemen führt. Zudem kann davon ausgegangen werden,
daß im Zeitablauf Veränderungen der Verbrauchs-
struktur stattfinden (Marktsättigung, neue Produkte u. a.). So mußte bei der Festlegung des
Warenkorbes für den Preisindex für die Lebenshaltung der mittleren Verbrauchergruppe 197o
(gegenüber 1962) eine stärkere Gewichtung in den
folgenden Bereichen vorgenommen werden: Waren-
und Dienstleistungen für Verkehrszwecke und Nach-
richtenübermittlung (Urlaubsreisen, ansteigende
Motorisierung), Wohnungsmiete (starke Mietpreis-
steigerung nach 1962) und persönliche Ausstattung,
sonstige Waren und Dienstleistungen (Gebrauchs-
güter). In den folgenden Bereichen waren geringere
Gewichte anzusetzen: Nahrungs- und Genußmittel,
Kleidung und Schuhe sowie übrige Waren und Dienstleistungen für die Haushaltsführung (Möbel, Verbrauchsgüter u. ä.).

F 3.18

Erläutern Sie - in Stichworten - das <u>Adäquationsproblem</u>
in der Wirtschaftsstatistik, indem Sie von dem Beispiel
der Berechnung der "Preissteigerungsrate" (Preisindex
für die Lebenshaltung aller privaten Haushalte) ausgehen!

F 1o.o8

Der Preisindex für die Lebenshaltung der mittleren
Verbrauchsgruppe (4-Personen-Arbeitnehmerhaushalte
mit mittlerem Einkommen des alleinverdienenden Haushaltsvorstandes) gilt in der Bundesrepublik Deutschland - neben dem Preisindex für die Lebenshaltung
aller privaten Haushalte - als konventioneller Maßstab (Indikator) der 'Preisniveauentwicklung', d. h.
es wird auf die binnenländische Verbraucherpreisentwicklung (Kaufkraftentwicklung) eines konstruierten
Indexhaushalts abgestellt.
Inwieweit ist der angesprochene 4-Personen-Arbeit-
nehmerhaushalt (mit mittlerem Einkommen des alleinverdienenden Haushaltsvorstandes) in bezug auf die
angesetzten Lebenshaltungsausgaben und den gewählten
Familientyp für die Verhältnisse in der Bundesrepublik
Deutschland repräsentativ?

L 3.18

Eine Aufgabe der Wirtschaftsstatistik besteht darin,
theoretische Vorstellungen bzw. Begriffe zu operatio-
nalisieren bzw. meßbar zu machen, wobei i. d. R. nur
eine Annäherung der wirtschaftsstatistischen Konzepte
an die theoretischen Vorstellungen bzw. Begriffe erfolgen kann (Operationalisierungs- bzw. Adäquationsproblem).

In der Volkswirtschaftstheorie wird häufig vom Begriff
'Preisniveau der Volkswirtschaft' bzw. vom Begriff
'Preisstabilität' ausgegangen. Dabei wird im Rahmen des
'Preisniveaus' an einen Durchschnittspreis aller Preise
gedacht (etwa: gewichtetes arithmetisches Mittel aller
während einer bestimmten Periode gezahlten Einzelpreise).
'Preisstabilität' bedeutet dann (annähernde) Konstanz
dieses 'Durchschnittsstandes' im Zeitablauf.

Für die Wirtschaftsstatistik ist dieser umfassende
'Preisniveaubegriff' nicht operational, da es praktisch
unmöglich ist, alle Faktor- und Produktpreise einer
Volkswirtschaft (laufend) zu beobachten. Die Lösung
in der Wirtschaftsstatistik lautet daher: Erfassung
typischer Verbraucherpreise, Zusammenfassung u. a. im
'Preisindex für die Lebenshaltung aller privaten Haushalte' und Berechnung von Wachstumsraten (Veränderungsraten im Vorjahresvergleich).

L 1o.o8

Lediglich etwa 6 bis 7 % aller privaten Haushalte
in der Bundesrepublik Deutschland entsprechen in
bezug auf die Lebenshaltungsausgaben diesem Familientyp und nur etwa 3 bis 4 % der Haushalte, wenn
zusätzlich auf die durchschnittliche Personenzahl
je Haushalt abgestellt wird.

Gleichwohl wird an diesem mittleren Haushaltstyp
wie auch an den unteren und oberen Haushaltstypen
aus Gründen der Kontinuität (lange Zeitreihen!) fest-
gehalten, zumal sie als Standardmodelle für sozial-
politische Erörterungen dienen. Für den Index der
mittleren Verbrauchergruppe wird zudem darauf hinge-
wiesen, daß dieser Haushaltstyp von den meisten
Familien einmal durchlaufen wird.

Literatur: WAGENFÜHR, R.: Wirtschafts- und Sozialstatistik, Band 1, Freiburg 197o, S. 5o3f.

106

Der 'Preisindex für die Lebenshaltung aller privaten
Haushalte (197o = 1oo)' betrug 1974: 127,1 und 1975:
134,7.

a) Berechnen Sie die 'Inflationsrate' (Preissteigerungsrate) für 1975!

b) Nehmen Sie an, die Ausgangszahlen seien fehlerbehaf-
   tet (relative Fehler 1974: -2 %, 1975: -3 %).
   Berechnen Sie:
   1) die 'wahre' Inflationsrate und
   2) den relativen Fehler zwischen der 'wahren' und
      der 'falschen' Inflationsrate!

c) In welchen Grenzen liegt die 'wahre' Inflationsrate,
   wenn Sie für beide Ausgangszahlen einen relativen
   Fehler von ± 2 % annehmen?

F 1o.o9

Der Preisindex für die Lebenshaltung von 4-Personen-
Arbeitnehmerhaushalten mit mittlerem Einkommen des
alleinverdienenden Haushaltsvorstandes:

	richtig	falsch
1) beschreibt die Entwicklung der Lebenshaltungskosten		
2) wird halbjährlich berechnet und veröffentlicht		
3) wird nach dem Paasche-Verfahren berechnet		
4) zeigte in den letzten Jahren ähnliche Preissteigerungen wie der Preisindex für die Lebenshaltung aller privaten Haushalte		
5) gilt als Indikator für binnenländische Verbraucherpreissteigerungen		

L   3.19

Im folgenden werden für den 'falschen' bzw. 'wahren'
Wert die Abkürzungen F und W benutzt.

a) $(134,7 - 127,1) \cdot 1oo / 127,1 = 6,o$ %

b) $F(1974) : 127,1$
   $W(1974) = F(1974) \cdot (1-o,o2) = 124,6$
   $F(1975) : 134,7$
   $W(1975) = F(1975) \cdot (1-o,o3) = 13o,7$

   1) $(13o,7 - 124,6) \cdot 1oo / 124,6 = 4,9$ %
   2) $(4,9 - 6,o) / 6,o = -o,18$ oder -18 %

c) $F(1974)$: $+2$ % ergibt $129,6$; -2 % ergibt $124,6$
   $F(1975)$: $+2$ % ergibt $137,4$; -2 % ergibt $132,o$

Die Grenzen der 'wahren' Inflationsrate ergeben
sich durch Abstellen auf die maximale bzw. mini-
male Differenz:

obere Grenze: $(137,4 - 124,6) \cdot 1oo / 124,6 = 1o,3$ %
untere Grenze: $(132,o - 129,6) \cdot 1oo / 129,6 = 1,9$ %

L   1o.o9

Richtig: 4), 5).

Falsch: 1), 2).

zu 1) Die Entwicklung der Lebenshaltungskosten
wird adäquat durch die Berechnung eines
Wertindex (Index der Lebenshaltungskosten)
beschrieben. Der Preisindex für die Lebenshaltung der mittleren Verbrauchergruppe beschreibt die Preisentwicklung für ein vor-
gegebenes und im Zeitablauf festgeschrie-
benes Verbrauchsschema (Warenkorb).

zu 2) Monatliche Berechnung und Veröffentlichung.

zu 3): Die Behauptung ist richtig; aber die Paasche-
Version wird nur einmal jährlich zusätzlich
zum monatlich berechneten Preisindex für die
Lebenshaltung der mittleren Verbrauchsgruppe
(Laspeyres-Version!) berechnet. Der Paasche-
Kontrollindex soll Hinweise dafür liefern, wie
stark der Laspeyres-Index die Preisentwicklung
überzeichnet.

Auf den folgenden Stufen der wirtschaftsstatistischen
Arbeit sind zahlreiche Fehlerquellen anzuführen:

1) Erhebung   2) Aufbereitung   3) Interpretation

Ordnen Sie den folgenden Beispielen für mögliche Fehlerquellen die angeführten Zahlen 1) bis 3) zu!

a) Rundungsfehler

b) Berechnung von "Restgrößen"
   (etwa im Rahmen der Volkswirtschaftlichen Gesamtrechnung)

c) Interviewerbias

d) Abstellen auf erste
   (vorläufige) Ergebnisse

e) Unscharfe Abgrenzungen
   und Definitionen

f) Zusammenfassung inhomogener
   Einzelerhebungen bei der
   Berechnung von "Makrogrößen"

F 1o.1o

Die folgende Tabelle zeigt die Entwicklung des Preisindex für die Lebenshaltung der mittleren Verbrauchergruppe und des Preisindex für die Lebenshaltung aller
privaten Haushalte in den Jahren 1971 bis 1975.

| Jahr | Indexstand (197o=1oo) | |
	mittlere Ver-brauchergruppe	alle privaten Haushalte
1971	1o5,1	1o5,3
1972	11o,7	111,1
1973	118,2	118,8
1974	126,3	127,1
1975	134,o	134,7

Berechnen Sie

a) die jährliche 'Inflationsrate' von 1971 bis 1975,

b) die durchschnittlichen jährlichen 'Inflationsraten' je Index für den Zeitraum 197o bis 1975!

L 3.2o

a): 2, 3   c): 1   e): 1
b): 2   d): 3   f): 2, 3

Hinweis:

ESENWEIN-ROTHE (Die Methoden der Wirtschafts-
statistik, Stuttgart 76, S. 31o) gibt einen von
W. E. DEMING (Some Theory of Sampling, New York,
195o) erstellten Katalog über Quellen für
Systematische Fehler im wirtschaftsstatistischen
Erhebungsprozeß leicht modifiziert wieder:

1.) Fehlerhafte Problemstellung
2.) Mangelhafte Definition der Grundgesamtheit
    und mangelhafte Erhebungsgrundlagen
3.) Falsche Wahl des Zeitpunktes oder Zeitraumes
    der Erhebungen
4.) Fehlerhafte Fragebogen
5.) Einflüsse von verschiedenen Arten der Erhe-
    bungsverfahren (Erhebung durch Post, Telefon,
    Telex, Direktinterview, intensives oder ex-
    tensives Interview, mehr oder weniger zahl-
    reiche Antwortmodalitäten, vorfixierte oder
    freie Antwortgebung usw.)

L 1o.1o

zu a) Mit den Indexständen 1oo für das (Basis-)jahr
1970 ergibt sich für die Wachstumsraten:

Jahr	1971	1972	1973	1974	1975
mittlere	5,1	5,3	6,8	6,9	6,1
alle	5,3	5,5	6,9	7,o	6,o

zu b) Es ist das geometrische Mittel der Wachstumsfaktoren (nicht der Wachstumsraten) zu berechnen:

mittlere: $(1,051 \cdot 1,053 \cdot 1,068 \cdot 1,069 \cdot 1,061)^{(1/5)}$
= 1,0604 und damit 6,04 %

alle   : $(1,053 \cdot 1,055 \cdot 1,069 \cdot 1,070 \cdot 1,060)^{(1/5)}$
= 1,0614 und damit 6,14 %.

Entsprechend kann die Berechnung mit Hilfe der
Formel für das 'Durchschnittswachstum' erfolgen.

mittlere: $[(134,0/100,0)^{(1/5)} - 1] \cdot 100$
alle   : $[(134,7/100,0)^{(1/5)} - 1] \cdot 100.$

110

6.) Falsche oder unpräzis formulierte Erhebungs-
     richtlinien und -definitionen
7.) Antwortverweigerung
8.) Beabsichtigte oder unbeabsichtigte Angabefehler
9.) Unterschiede in den Angaben in Abhängigkeit
     von sozialen Merkmalen
1o.) Verzerrung der Angaben durch Intervieweinflüsse
11.) Verzerrung der Angaben durch unterschiedliche
     Zielsetzungen (Es hat sich erwiesen, daß die
     Angaben davon beeinflußt werden, ob private
     oder öffentliche Institutionen die Erhebung
     durchführen)
12.) Mangelhafte Sorgfalt der Interviewer bzw.
     mangelhaft organisierte Außenarbeit
13.) Verspäteter Eingang der Zählpapiere
14.) Inadäquate Aufbereitung und Tabellierung.

F 1o,11

Gegeben sind die Preisindexzahlen für die Lebenshaltung (höhere Verbrauchsgruppe, Hauptgruppe: Elektri-
zität und Brennstoffe, Basisjahr: 1962) für 1968:
112,3 und für 1969: 112,8.

Ist die Berechnung der 'Inflationsrate' (für die angeführte Hauptgruppe) aus diesen Zahlen sinnvoll, wenn
Sie annehmen:
1) die Zahl für 1968 besitzt einen relativen Fehler
   von -2 % und die Zahl für 1969 einen relativen
   Fehler von -3 %,
2) die Zahl für 1968 besitzt einen relativen Fehler
   von +2 % und die Zahl für 1969 einen relativen
   Fehler von -3 %,
3) beide Zahlen besitzen einen relativen Fehler von
   -2 %.
Rechnen Sie mit 2 Stellen nach dem Komma!

4. PRODUKTIONSENTWICKLUNG

F 4.o1

In 'Wirtschaft und Statistik' (7/1976, S. 4o5) wird
die Neuordnung der Statistik des Produzierenden Gewerbes in den folgenden Punkten zusammengefaßt:

" 1. Die Berichterstattung ... wird auf das gesamte
Produzierende Gewerbe ausgedehnt;

2. unabhängig von der jeweiligen Erhebungseinheit
wird der Berichtskreis auf die Gesamtheit der Unternehmen mit wirtschaftlichem Schwerpunkt im Produzierenden Gewerbe abgestellt ('Unternehmenskonzept'). Die Erhebungen sollen im allgemeinen bei
Unternehmen mit 2o Beschäftigten und mehr und ihren Einheiten erfolgen;

L 1o.11

zu a) die 'falsche' Inflationsrate beträgt: o,45 %.
(112,8 - 112,3) · 1oo / 112,3
Die 'wahre' Inflationsrate beträgt: -o,58 %.
(112,8 · o,97 - 112,3 · o,98) · 1oo/112,3 · o,98
Die Berechnung der Inflationsrate (relativer
Fehler: -228 %) erscheint nicht sinnvoll.

zu b) Der relative Fehler der 'Inflationsrate' beträgt -1o95 %.

zu c) Hier errechnet sich aus den 'falschen' Aus-
gangswerten die 'wahre' Inflationsrate.

F 1o.12

In der folgenden Tabelle sind für die 9 Ausgaben-
hauptgruppen des Preisindex für die Lebenshaltung von
Arbeitnehmerhaushalten mit mittlerem Einkommen des
alleinverdienenden Haushaltsvorstandes die Gewichte
(Ausgabenanteile in %) der Basisjahre 1962 und 197o
sowie die Indexstände für 197o (Basis 1962) zusammengestellt.

a) Berechnen Sie den 'Gesamtindex' für die Lebens-

3. ...

4. es werden jährliche repräsentative Kostenstruktur-
   erhebungen durchgeführt;

5. die verschiedenen Statistiken werden in Inhalt, Umfang und Periodizität miteinander abgestimmt und
   verzahnt;

6. die Zusammenführung von Ergebnissen der verschiedenen Einzelstatistiken und Erhebungseinheiten soll
   durch ein einheitliches Nummerungssystem und eine
   einheitliche Kartei der Unternehmen und Betriebe
   bei Bund und Ländern sichergestellt werden."

Beschreiben Sie kurz - unter Bezugnahme auf die angeführten Punkte - das bisherige Vorgehen!

haltung der mittleren Verbrauchsgruppe für 197o
(Basis 1962 = 1oo)!

b) Wie ändert sich das Ergebnis zu a), wenn Sie von
   den Gewichten 197o ausgehen?

Ausgaben-hauptgruppen	Gewichte in %		Indexstand 197o (1962 = 1oo)
	1962	197o	
1. Nahrungs- und Genußmittel	44,o	36,8	117,4
2. Kleidung,Schuhe	12,o	1o,2	118,o
3. Wohungsmiete	9,3	14,6	168,5
4. Elektrizität, Gas, Brennst.	4,6	4,4	124,4
5. Übrige Waren u. Dienstl. für d. Haushaltsführg.	11,o	8,5	114,1
Waren u. Dienstl.f.			
6. Verkehrszwecke, Nachrichten	6,2	1o,2	119,9
7. Körper-u. Ge-sundheitspflege	3,1	3,4	133,4
8. Bildungs-u. Un-terhaltungszw.	6,3	6,9	123,7
9. Pers. Ausstattg. sonst.Waren u. Dienstleistg.	3,5	5,o	13o,5

L 4.o1

   1+2: das Warenproduzierende Handwerk wurde - entgegen
        dem international üblichen Vorgehen - bisher aus-
        geklammert

   2:   cut-off bisher i. d. R. 1o und mehr Beschäftigte
        (nach der Neuordnung gilt diese Abschneidegrenze
        nur noch für den Zensus im Warenproduzierenden Ge-
        werbe)

   4:   bisher in etwa vierjährigen Abständen durchgeführt

   5:   die einzelnen Statistiken waren unter verschiede-
        nen Zielsetzungen nacheinander angeordnet worden
        und zum Teil weder in sich noch untereinander kon-
        sistent.

F 4.o2

In der Statistik des Produzierenden Gewerbes wird häufig von einer Kombination der folgenden Erhebungs- und
Darstellungseinheiten ausgegangen:

1) Unternehmen 2) Fachlicher Unternehmensteil

3) Betrieb   4) Fachlicher Betriebsteil (establishment)

_____

L 1o.12

   zu a): Gewichtetes arithmetisches Mittel, Gewichte
          aus 1962: 123,7.

   zu b): Gewichtetes arithmetisches Mittel, Gewichte
          aus 197o: 126,8.

F 1o.13

In der folgenden Tabelle sind die Indexstände und die
Wachstumsraten der Preisindizes für die Lebenshaltung
der mittleren Verbrauchsgruppe für die Jahre 1969 bis
1972 jeweils zur Basis 1962 und 197o zusammengestellt.

Jahr	Indexstand		Wachstumsrate	
	1962=1oo	197o=1oo	1962=1oo	197o=1oo
1969	119,3	96,9	-	-
197o	123,7	1oo	3,7	3,2
1971	13o,4	1o5,1	5,4	5,1
1972	137,9	11o,7	5,4	5,1

Die niedrigeren 'Inflationsraten' (Wachstumsraten),

Abgrenzung:

a) Zusammenfassung gleichartiger Tätigkeiten in einem Betrieb

b) Zusammenfassung gleichartiger Tätigkeiten in einem Unternehmen

c) Örtliche Einheit

d) Kleinste rechtlich selbständig selbstbilanzierende Einheit

Eigenarten, Vor- und Nachteile:

A) Heterogenität in bezug auf Standorte und Produkte

B) Es kann auf Daten der Bilanz und Gewinn- und Verlustrechnung zurückgegriffen werden

C) Zuordnung nach dem Schwerpunkt der wirtschaftlichen Tätigkeit

D) Homogenität in bezug auf die Produktion

E) Homogenität in bezug auf Standorte und Produktion

F) Erbringen häufig nur firmeninterne Lieferungen und Leistungen

G) Homogenität in bezug auf Standort (regionalstatistische Daten)

Ordnen Sie Ziffern und Buchstaben einander zu!

---

die sich bei der Berechnung der 'Inflationsraten' ausgehend vom Preisindex zur Basis 1970 ergeben, lassen sich u. a. auf die folgenden Punkte zurückführen:

	richtig	falsch
a) umfangreicherer Warenkorb zur Basis 1970		
b) Berücksichtigung der 'aktuellen' Verbrauchsstruktur im Warenkorb 1970		
c) der Preisindex zur Basis 1962 erfaßt nicht das ökonomische (rationale) Verbraucherverhalten bei Gütern des elastischen Bedarfs und bei Substitutionsgütern		
d) Preissteigerungen zwischen 1962 und 1970		
e) im Preisindex zur Basis 1970 sind die Produkte stärker gewichtet, deren Preise von 1962 bis 1970 unterproportional gestiegen sind.		

L 4.o2

1): d), A), B), C)   3): c), G)
2): b), D)   4): a), E), F)

Hinweis:

Im kurzfristigen Berichtssystem werden Angaben überwiegend bei Betrieben und fachlichen Betriebsteilen
erhoben; im Rahmen von Jahres- und Mehrjahreserhe-
bungen bei Unternehmen und Betrieben; auf Unterneh-
menszusammenschlüsse (Konzerne) wird nicht abgestellt.

Literatur: SOBOTSCHINSKI, A.: Zur Reform der deutschen
Industriestatistik, in: Fürst, G. (Hrsg.):
Zur Reform der amtlichen Industriestatistik,
Göttingen 1971, S. 43 - 81.

F 4.o3

Im Bergbau und im Verarbeitenden Gewerbe werden u. a.

die folgenden Erhebungen durchgeführt:

1) Zensus 2) Kostenstrukturerhebung 3) Vierteljährli-

che Produktionsstatistik 4) Produktionseilbericht

5) Investitionserhebung 6) Monatsbericht

L 1o.13

Richtig: a) bis e).

Literatur: GUCKES, S.: Zur Neuberechnung der Preisindizes auf Basis 197o, in: Wirtschaft
und Statistik 12/1973, S. 691-693.

Hinweis:

Es kann davon ausgegangen werden, daß sich etwa
bei den Großhandels- und den Außenhandelspreis-
indexzahlen noch deutlichere Abweichungen ergeben. Zum Punkt c) schreibt Guckes (S. 691f.):
"Starke Einzelpreiserhöhungen, denen die Käufer
nicht oder nur zum Teil ausweichen wollen (Ta-
bakwarenpreiserhöhung, Verteuerung von Benzin)
oder können (Mietensteigerungen, Heizölpreis-
erhöhungen), führen manchmal dazu, daß der sonst
feststellbare Effekt des erwähnten ökonomischen
Verhaltens stark gemindert, ausgeglichen oder
sogar überkompensiert wird".

7) Erhebung über Material- und Wareneingang

8) Industriebericht für Kleinbetriebe

Vervollständigen Sie (entsprechend der Neuordnung der Statistik im Produzierenden Gewerbe, Gesetz vom 6. 11. 75, BGBL. I, S. 2779) die folgende Übersicht, indem Sie die Zahlen 1) bis 8) den freien Kästchen A) bis G) zu-ordnen!

	Wichtige Erhebungen im Bergbau und im Verarbeitenden Gewerbe	
	Unternehmenserhebung	Betriebserhebung
4-6-jährige Erhebungen	Zensus A)	D)
jährliche Erhebung	B) C)	Invest.erhebung E)
kurzfrist. Erhebungen		F) G) H)

F 1o.14

Gegeben sind (jeweils 1962=1oo) für den Laspeyres-Preisindex der Lebenshaltung von 4-Personen-Arbeit-nehmerhaushalten mit mittlerem Einkommen des allein-verdienenden Haushaltsvorstandes und für den ent-sprechenden Paasche-Kontrollindex die Indexstände für das Jahr 1969:

Laspeyres-Preisindex : 119,3

Paasche-Kontrollindex : 116,7.

Zusätzlich sind die 'Ausgaben der mittleren Ver-brauchsgruppe für die Lebenshaltung' bekannt:

1962 = 74o DM/Monat und 1969 = 1o1o DM/Monat.

Kann aus diesen Angaben geschlossen werden, daß es den Verbrauchern (der mittleren Verbrauchergruppe) im Zeitraum 1962 bis 1969 gelungen ist, sich ratio-nal (ökonomisch) zu verhalten, d. h. überproportio-nalen Preissteigerungen auszuweichen?

L   4.o3

1): D)   3): F)   5): B)   7): A)
2): C)   4): G)   6): H)   8): E).

Hinweis:

A. SOBOTSCHINSKI (Die Neuordnung der Statistik des Produzierenden Gewerbes, in: Wirtschaft und Statistik 7. 1976, S. 4o5) schreibt zu den Ursachen der Reform u. a.: " Die einzelnen Statistiken, die nacheinander unter verschiedenen Zielsetzungen eingeführt worden waren, waren z. T. weder in sich noch untereinander konsistent. In der Abgrenzung des erfaßten Bereichs, der Wahl der statistischen Einheiten und der Kombinationsmöglichkeiten der Daten entsprachen sie nicht in ausreichendem Maße den Anforderungen an ein modernes Informationsnetz. ... Die Angaben über Ertragsdaten reichten im allgemeinen aus, jene über die Aufwandsgrößen des Produktionsprozesses waren dagegen unzulänglich. ... Einige Erhebungen wurden nur für Unternehmen, andere nur für Betriebe, einige wiederum für Unternehmen und Betriebe durchgeführt."

L   1o.14

Wenn bei Preissteigerungen der Laspeyres-Preisindex einen höheren Indexstand aufweist als der entsprechende Paasche-Preisindex, so kann (theoretisch: bei konstantem Einkommen) davon ausgegangen werden, daß es den Verbrauchern gelungen ist, sich rational zu verhalten.

Der Lebenshaltungskostenindex für 1969 (Basis 1962) beträgt: $(1o1o/74o) \cdot 1oo = 136,5$. Diese Steigerung der Lebenshaltungskosten um 36,5 % kann zerlegt werden in das Produkt aus einer Preis- und einer Mengenänderung. Über den Paasche-Preisindex und den Kostenindex kann ein Mengenindex nach Laspeyres berechnet werden: $(136,5/116,7) \cdot 1oo = 117,o$. Die durch Preis- und Mengenindex nach Laspeyres ausgedrückte Kostenänderung $(119,3 \cdot 117,o) : 1oo = 139,6$ stimmt nicht mit der durch den Lebenshaltungskosten-

Welche der im folgenden 'vollständigen' Produktionskonto eines Unternehmens aufgeführten Positionen werden
im Rahmen der Statistik im Produzierenden Gewerbe <u>nicht</u>
betrachtet?

Produktionskonto eines Unternehmens ('Verbrauchsversion')	
1) Einsatz an Handelsware	a) Umsatz an eigenen Erzeugnissen
2) Verbrauch an Roh-, Hilfs- und Betriebs- stoffen	b) Umsatz aus Handels- ware
3) Sonstige Vorleistungen	c) Bestandsänderung an Halbfertig- und Fer- tigerzeugnissen
4) Indirekte Steuern minus Subventionen	
5) Abschreibungen	d) selbsterstellte Anlagen (einschl. Gebäude und selbst- durchgeführte Groß- reparaturen)
6) Wertschöpfung (Löhne, Gehälter, Zin- sen, Mieten, Gewinn)	

index angezeigten Kostensteigerung von 136,5 überein. Die Differenz (-3,1 Indexpunkte) kann als Ein-
sparung (des Verbrauchers) interpretiert werden,
die auf rationales (bzw. ökonomisches) Verhalten
zurückzuführen ist.

Literatur: BRACHWITZ, W.: Zur statistischen Analyse
der Veränderungen der Lebenshaltungskosten mit Hilfe von Preis-, Mengen- und
'Reaktions'-indizes, <u>in</u>: Allgemeines Statistisches Archiv 1965, S. 233-245.

Welche Argumente lassen sich <u>dafür</u> anführen, daß die
auf der Basis der Preisindexzahlen für die Lebenshaltung der mittleren Verbrauchergruppe berechneten
'Inflationsraten' die Verbraucherpreisentwicklung
überzeichnen?

L 4.o4

Die Statistik im ('Waren'-) Produzierenden Gewerbe
stellt ab auf die für das jeweilige Unternehmen typische und spezifische Leistungserstellung. Demnach werden die Posten b) und 1) nicht betrachtet [die Differenz b) ./. 1) entspricht dem der Handelsware hinzugefügten Dienstleistungsanteil].

Hinweis:

Der Posten a) wird auch als wirtschaftlicher Umsatz
bezeichnet!

Literatur: HÜTTNER, M.: Grundzüge der Wirtschafts-
und Sozialstatistik, Wiesbaden 1973, S. 141.

L 1o.15

a) Durch die Benutzung der Indexformel nach Laspeyres wird ein historischer 'Warenkorb' festge-
   schrieben, d. h. die auf das rationale Verbrau-
   cherverhalten zurückzuführenden 'preisstabilisie-
   renden' Effekte werden nicht im Index erfaßt.
   Die Unterzeichnung der Preisentwicklung steigt
   hier mit wachsender Entfernung vom Basisjahr an.

b) Das Problem der Ausschaltung von Qualitätsänderungen ist noch nicht gelöst. So werden etwa zu hohe
   konjunkturelle Preissteigerungen ausgewiesen, wenn
   die auf Qualitätsverbesserungen zurückzuführenden
   Preiserhöhungen nicht erkannt und ausgeschaltet
   werden oder wenn Qualitätsverschlechterungen (ohne
   entsprechende Preissenkungen) nicht berücksichtigt
   werden.

c) Die Preise werden bei 'typischen' Berichtsstellen
   erfragt. Verbraucher weichen aber zunehmend (wenn
   möglich) auf Sonderangebote, Großmärkte u. a. aus.

d) Nach a) bis c) kann davon ausgegangen werden, daß
   die (negativen) relativen Fehler mit steigender Entfernung vom Basisjahr ansteigen. Die Berechnung von
   Wachstumsraten kann dann zu einer erheblichen Fehler-
   fortpflanzung führen.

Gegeben ist das Produktionskonto eines Unternehmens.
Ordnen Sie die Begriffe
a) Wertschöpfung, b) Bruttoproduktionswert und
c) Nettoproduktionswert den freien Feldern zu!

	P r o d u k t i o n s k o n t o	
	(1) Verbrauch an Roh-, Hilfs- und Betriebs- stoffen (Vorleistungen)	(6) Wirtschaftli- cher Umsatz
	(2) Sonstige Vorleistun- gen	(7) Bestandsände- rung an Halb- fertig- und Fertigerzeug- nissen
	(3) Indirekte Steuern minus Subventionen	(8) Selbsterstell- te Anlagen
	(4) Abschreibungen	
	(5) Löhne, Gehälter, Zinsen, Mieten, Ge- winn u. ä.	

Die Indizes der Erzeugerpreise industrieller Produkte

	richtig	falsch
a) werden nach dem Paasche- Verfahren berechnet		
b) stellen wichtige konjunktu- relle Indikatoren für die Preisentwicklung im Bereich des Inlandsabsatzes indu- strieller Produkte dar		
c) werden gegliedert nach dem systematischen Verzeichnis zum monatlichen Industriebe- richt (Hauptbeteiligten- konzept)		
d) stellen ab auf die Nettover- kaufspreise (nach Abzug der Rabatte und ohne Mehrwert- steuer) im Zeitpunkt der Lie- ferung der Produkte		

L 4.o5

Äußeres Feld : b)

Mittleres Feld : c)

Inneres Feld : a)

Hinweis:

Das hier betrachtete 'Produktionskonto' ist zu
unterscheiden von den in der Kontengruppe 1 aufgeführten Produktionskonten der Sektoren der
Volkswirtschaftlichen Gesamtrechnungen für die
Bundesrepublik Deutschland (vgl. F 12.15).

F 4.o6

Gegeben sind die Produktionskonten von zwei Betrieben
A und B eines Unternehmens. Berechnen Sie den Bruttoproduktionswert des Unternehmens!

L 1o.16

Richtig: b), falsch: sonst.

zu a) Laspeyres-Preisindizes

zu c) Systematisches Warenverzeichnis für die Industriestatistik (Beteiligtenkonzept) im Gegensatz zur Gliederung des Index der industriellen Nettoproduktion!

zu d) Zeitpunkt des Vertragsabschlusses!

F 1o.17

Gegeben sind (jeweils zur Basis 197o) für den Zeitraum 1969 bis 1975 die Indexstände
- des Index der Erzeugerpreise industrieller Produkte (Inlandsabsatz, Industrieerzeugnisse insgesamt,
einschließlich Strom, Gas, Wasser) und
- des Preisindex für die Lebenshaltung aller privaten Haushalte (Verbraucherpreise).

Berechnen Sie jeweils die Wachstumsraten (197o bis
1975), stellen Sie die Wachstumsraten graphisch dar
und interpretieren Sie das Ergebnis!

Produktionskonto Betrieb A				
1) Vorleistungen davon 8o von Betrieb B	2oo	a)	Wirtschaftl. Umsatz davon 13o an Betrieb B	4oo
2) Sonstige Vorl.	1o	b)	Bestandsänderung an Halbfertig- und Fertigerzeugnissen	6o
3) Indir. Steuern ./. Subven.	3o			
4) Abschreibungen	6o	c)	Selbsterstellte Anlagen	4o
5) Wertschöpfung	2oo			
	5oo			5oo

Produktionskonto Betrieb B				
1) Vorleistungen davon 13o von Betrieb A	63o	a)	Wirtschaftl. Umsatz davon 8o an Betrieb A	88o
2) Sonstige Vorl.	4o	b)	Bestandsänderung an Halbfertig- und Fertigerzeugnissen	8o
3) Indir. Steuern ./. Subven.	6o			
4) Abschreibungen	12o	c)	Selbsterstellte Anlagen	4o
5) Wertschöpfung	15o			
	1ooo			1ooo

	Erzeugerpreise		Verbraucherpreise	
Jahr	Index-stand	Wachstums-raten	Index-stand	Wachstums-raten
1969	95,3	-	96,7	-
197o	1oo		1oo	
1971	1o4,3		1o5,3	
1972	1o7,o		111,1	
1973	114,1		118,8	
1974	129,4		127,1	
1975	135,5		134,7	

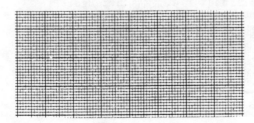

L 4.o6

Es wird die zum Absatz außerhalb des Unternehmens bestimmte Produktion erfaßt. Demnach berechnet sich der
Bruttoproduktionswert des Unternehmens wie folgt:

Betrieb A: 4oo ./. 13o + 6o + 4o =   37o
Betrieb B: 88o ./. 8o + 8o + 4o =   92o
                                    1290

F 4.o7

Stellen Sie aufgrund der folgenden Angaben (in Mio. DM)
das Produktionskonto eines Unternehmens in der Einkaufs-
und in der Verbrauchs-Version auf, und schließen Sie
die Konten ab!

1) Einkäufe an Roh-, Hilfs- und Betriebsstoffen   7oo
2) Verbrauch an Roh-, Hilfs- und Betriebsstoffen   5oo
3) Anlagenkäufe   2oo
4) Sonstige Vorleistungen   5o
5) Abschreibungen   8o

L 1o.17

Die Wachstumsraten des Preisindex für die Lebenshaltung aller privaten Haushalte geben im betrachteten
Zeitraum die konjunkturellen Preisschwankungen (gemessen am Index der Erzeugerpreise industrieller Produkte) nur abgeschwächt wieder. Das durchschnittliche
Niveau (arithmetisches Mittel der Wachstumsraten) beträgt bei den Erzeugerpreisen (Verbraucherpreisen)
6,1 (5,7) und die Standardabweichung der Wachstumsraten 3,5 (1,2).

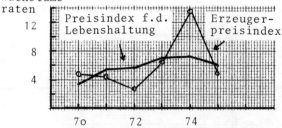

124

```
 6) Indirekte Steuern ./. Subventionen           2o
 7) Löhne und Gehälter                           2oo
 8) Verkäufe (Wirtschaftlicher Umsatz)           8oo
 9) Bestandserhöhung an Halb- und Fertigerzeugn.  12o
1o) Selbsterstellte Anlagen                        8o
```

'Einkaufs'-Konto	

'Verbrauchs'-Konto	

Berechnen Sie den Nettoproduktionswert aus dem 'Ein-
kaufs'- und aus dem 'Verbrauchs'-Konto nach der direkten Methode (Additionsmethode), der indirekten Methode
(Subtraktionsmethode) und der Saldiermethode!

F 1o.18

Berechnen Sie aufgrund der folgenden Angaben für
1973 den Index der Erzeugerpreise industrieller
Produkte (Gesamtabsatz)!

a) Gesamtumsatz in der Verarbeitenden Industrie
   und im Bergbau 1973: 667,o Mrd.DM,

b) Inlandsumsatz in der Verarbeitenden Industrie
   und im Bergbau 1973: 523,8 Mrd.DM,

c) Auslandsumsatz in der Verarbeitenden Industrie
   und im Bergbau 1973: 143,2 Mrd.DM,

d) Index der Erzeugerpreise industrieller Produkte
   (197o=1oo, Inlandsabsatz, Industrieerzeugnisse
   insgesamt): 114,1 und

e) Index der Verkaufspreise für Ausfuhrgüter
   (197o=1oo, industrielle Erzeugnisse): 112,1.

Einkaufskonto				
1) Einkäufe	7oo	8) Verkäufe		8oo
3) Anlagenkäufe	2oo	Bestandserhöhungen (Lager):		
4) Sonst. Vorleist.	5o			
5) Abschreibungen	8o	9) Halb- und Fertiger- zeugnisse	12o	
6) Indir. Steuern ./. Subven.	2o	1)./.2)	2oo	32o
7) Löhne und Gehälter	2oo	Bestandserhöhungen (Anlagen):		
Saldo: Mieten, Zinsen u. ä. Gewinn	15o	3) Anlagenkäufe	2oo	
		1o) Selbsterst. Anlagen	8o	28o
	14oo			14oo

Lösung: 113,7.

Hinweis:

Der Index der Erzeugerpreise industrieller Produkte (Gesamtabsatz) errechnet sich als arithmetisches Mittel des Erzeugerpreisindex für den Inlandsumsatz und des Ausfuhrpreisindex, wobei die Gewichtung über die Inlands- bzw. Auslandsumsatzanteile vorgenommen wird:

Gewicht Inlandsumsatz : 523,8/667,o = o,785;
Gewicht Auslandsumsatz: 143,2/667,o = o,215.

Damit ergibt sich:

$(114,1 \cdot o,785 + 112,1 \cdot o,215) = 113,7.$

Bei der Interpretation ist allerdings neben den unterschiedlichen Abgrenzungen auch das teilweise unterschiedliche methodische Vorgehen in den entsprechenden Statistiken zu beachten.

V e r b r a u c h s k o n t o			
2) Verbrauch	5oo	8) Verkäufe	8oo
4) Sonst. Vorleist.	5o	9) Bestandserhöhung	12o
5) Abschreibungen	8o	an Halb- und Fer- tigerzeugnissen	
6) Indir. Steuern ./. Subven.	2o	1o) Selbsterstellte Anlagen	8o
7) Löhne und Gehälter	2oo		
<u>Saldo:</u> Mieten, Zinsen u. ä. Gewinn	15o		
	1ooo		1ooo

Wertschöpfung: 7) + Saldo   = 2oo + 15o = 35o
Lagerinvestition: 9) + [1)-2)]   = 12o + 2oo = 32o
Nettoanlageinvestition: 3) + [1o)-5)]   = 2oo+8o-8o = 2oo
Bruttoinvestition: 32o + 28o   = 6oo
Bruttoproduktionswert: 8) + 9) + 1o)   = 8oo+12o+8o = 1ooo
Nettoproduktionswert:
a) dir. Meth.:   4) + 5) + 6) + 7) + Saldo = 5oo
b) indir. Meth.:   Bruttoprod.wert - 2)   = 5oo
c) Saldiermeth.:   8) - [1) + 3)] + Bruttoinvestition   = 5oo

---

F 1o.19

Gegeben sind die Indexstände des Preisindex für die
Lebenshaltung der mittleren Verbrauchsgruppe von 1965
bis 1969 (Basis 1962) und 1969 bis 1975 (Basis 197o).

	Preisindex für die Lebenshaltung	
Jahr	1962=1oo	197o=1oo
1965	1o8,7	–
1966	112,7	–
1967	114,6	–
1968	116,4	–
1969	119,5	96,4
197o	–	1oo
1971	–	1o5,3
1972	–	111,1
1973	–	118,8
1974	–	127,1
1975	–	134,7

a) Berechnen Sie die durchschnittliche 'Inflationsrate' von 1966 bis 1975!

b) Inwieweit ist die 'Verkettung' von Indexzahlen zu-
lässig?

Vervollständigen Sie die folgenden Gleichungen, indem
Sie die fehlenden Plus- bzw. Minuszeichen ergänzen!

a) Bruttoproduktionswert =

☐ Umsatz (1)

☐ Selbsterstellte Anlagen (2)

☐ Jahresendbestand an Halb- und Fertigerzeugnissen (3)

☐ Jahresanfangsbestand an Halb- und Fertigerzeugnissen (4)

b) Wertschöpfung =

☐ Nettoinvestition (1)

☐ Verkäufe (2)

☐ Einkäufe (3)

☐ Sonstige Vorleistungen (4)

☐ Indirekte Steuern ./. Subventionen (5)

L 1o.19

zu a) Die durchschnittliche 'Inflationsrate' von 1966
bis 1975 kann als geometrisches Mittel der Wachstumsfaktoren berechnet werden (vgl. F 1o.1o). Die
Rechnung gestaltet sich einfacher, wenn die Formel "Durchschnittswachstum = $1oo \cdot [(E/A)^{(1/n)} - 1]$"
benutzt wird, dabei bezeichnet A den Anfangswert,
E den Endwert und n die Anzahl der Jahre.

Die Reihe zur Basis 1962 kann fortgeschrieben werden, indem die Indexzahlen zur Basis 1970 (von
1970 bis 1975) multipliziert werden mit [PL (62,69)
: PL (7o,69)] ~ 1,24 (PL bezeichnet den Preisindex
für die Lebenshaltung). Damit gilt: PL (62,75) =
167,o und die durchschnittliche 'Inflationsrate'
1966 bis 1975 beträgt 4,o %. Analog kann die Reihe
zur Basis 1970 zurückgerechnet werden, indem die
Indexzahlen zur Basis 1962 multipliziert werden mit
[PL (7o,69) : PL (62,69)] ~ o,81.

zu b) Der unter a) beschriebene Vorgang der 'Verkettung'
stellt lediglich eine Näherungslösung, da sich
z. B. mit Hilfe des 'Verkettungsfaktors' [PL (62,69)
: PL (7o,69)] aus PL (7o,75) der PL (62,75) nicht
exakt ermitteln läßt, was sich durch Benutzung etwa
der entsprechenden Aggregatformeln leicht zeigen
läßt.

c) Nettoproduktionswert =

- ☐ Einkäufe (1)
- ☐ Nettoinvestitionen (2)
- ☐ Abschreibungen (3)
- ☐ Verkäufe (Wirtschaftlicher Umsatz) (4)

d) Nettoinvestition =

- ☐ Bruttoproduktionswert (1)
- ☐ Abschreibungen (2)
- ☐ Bestandserhöhung an Roh-, Hilfs- und Betriebsstoffen (3)
- ☐ Anlagenkäufe (4)

F 1o.2o

Unter der Überschrift "Inflationsrate wird 'heruntergerechnet'" berichtet das Handelsblatt (28. Jahrgang 1973, No. 185, S. 1) am 25. 9. 1973 über die Umstellung der wichtigsten Preisindizes für die Lebenshaltung von der Basis 1962 auf die Basis 197o durch das Statistische Bundesamt.

Nehmen Sie zur Artikelüberschrift Stellung!

L 4.08

a) Bruttoproduktionswert   = 1) + 2) + 3) - 4)
b) Wertschöpfung   = 1) + 2) - 3) - 4) - 5)
c) Nettoproduktionswert   = 1) + 2) + 3) - 4)
d) Nettoinvestition   = 1) - 2) + 3) + 4)

Hinweis:

Die Größen a), b) und d) werden auch (teilweise
in anderer Abgrenzung) im Rahmen der Volkswirtschaftlichen Gesamtrechnungen verwendet. Der
Nettoproduktionswert wird dagegen hauptsächlich
in der Industriestatistik berechnet, um näherungsweise die eigene wirtschaftliche Leistung
eines Unternehmens oder Betriebes zu beschreiben.

L 1o.2o

Die Artikelüberschrift "Inflationsrate wird 'heruntergerechnet'" suggeriert, daß die 'Inflationsrate'
etwa aus politischen Gründen durch das Statistische
Bundesamt manipuliert (oder 'frisiert') wird.

Angesprochen ist die Anpassung der wichtigsten Preisindizes für die Lebenshaltung an die Verbrauchsstruk-
tur des Jahres 197o (neuer Warenkorb, neues Basisjahr). Die Anpassung war 1973 längst überfällig, da
der Warenkorb des alten Basisjahres 1962 (!) infolge
der zwischenzeitlich gestiegenen Einkommen, infolge
des veränderten Geschmacks sowie der veränderten Verbrauchsgewohnheiten und infolge von Qualitätsänderungen sowie neuen Produkten die Verbrauchsgewohnheiten
nur noch unvollkommen erfassen konnte. Insbesondere
durch die Erfassung des rationalen Verbraucherverhal-
tens bei der Bildung des neuen Warenkorbs werden niedrigere 'Inflationsraten' ausgewiesen.

F 4.o9

Die industrielle Nettoquote wird i. d. R. wie folgt
berechnet:

Nettoproduktionswert · 1oo / Bruttoproduktionswert

Kreuzen Sie die richtigen Behauptungen an!

a) Industriezweige der Urproduktion
   (Grundstoff- und Produktionsgüterindustrien) haben i. d. R. eine
   hohe Nettoquote.

b) Die Verbrauchsgüterindustrien haben
   i. d. R. eine hohe Nettoquote.

c) Die Automobilindustrie hat wegen des
   hohen Anteils der Vorleistungen
   (Zulieferungen) eine niedrige Nettoquote.

d) Die Nettoquote in der Tabakverarbeiten-
   den Industrie ist infolge der relativ
   hohen Tabaksteuer gering.

Hinweis:

In der ZEIT (Nr. 45, 2. 11. 1973) schreibt SCHMID,
K.-P. unter der Artikelüberschrift "Der Lebenshal-
tungskosten-Index wurde den Verbrauchsgewohnheiten
angepaßt: Die Preise sinken - statistisch" auf
S. 16: "Voreilig verkündeten nicht gerade seriöse
Schlagzeilen, jetzt werde 'die Inflation frisiert'.
Doch es gibt keinen Zweifel: ... Über zwei Jahre
arbeiteten Experten daran, ... die veränderten Ausgaben des Normalverbrauchers für Waren und Dienstleistungen zu erkunden. Höhere Einkommen, veränder-
ter Geschmack, neue Produkte und andere Lebensge-
wohnheiten sind schuld daran, daß der Warenkorb von
1962 heute überholt ist. Daß der neue Warenkorb so
lange auf sich warten ließ, liegt an technischen
Schwierigkeiten, an der Gründlichkeit der Statistiker, aber auch am Personalmangel im Wiesbadener Bundesamt. ... Die Änderung der Verbrauchsgewohnheiten
verbilligt also den Warenkorb. Stereoanlagen, Farb-
fernseher und Geschirrspülmaschinen sind zwar teuer;
ihre Preise sind jedoch stabil, wenn nicht sogar
rückläufig. Und vor zehn Jahren konnte sich ein
Durchschnittshaushalt diese Güter noch kaum leisten."

L 4.o9

Richtig sind die Behauptungen a) und c).

F 4.1o

Berechnen Sie zu den folgenden vier Produktionsketten
jeweils die Nettoquoten (Nettoproduktionswert · 1oo /
Bruttoproduktionswert) und vergleichen Sie die Fälle
a) und b) sowie c) und d) miteinander!

Anmerkung: Die Betriebe sind jeweils durch Rechtecke
symbolisiert. In den Fällen a), c) und d)
wird unterstellt, daß vorgelagerte Betriebe
jeweils den gesamten Bruttoproduktionswert
an den nachgelagerten Betrieb liefern
(Bestandsänderungen an Halb- und Fertigerzeugnissen, sowie selbsterstellte Anlagen
sind in allen Fällen mit Null angenommen).

Betriebe: $i = 1,2,3,4$

(materielle) Vorleistungen: v

Nettoproduktionswerte: n_i

---

11. MONETÄRE ENTWICKLUNG

F 11.o1

Der statistische Teil der Monatsberichte der Deutschen Bundesbank ist in neun Untergruppen gegliedert:

1) Bankstatistische Gesamtrechnungen
2) Deutsche Bundesbank
3) Kreditinstitute
4) Mindestreservestatistik
5) Zinssätze
6) Kapitalmarkt
7) Öffentliche Finanzen
8) Allgemeine Konjunkturlage
9) Außenwirtschaft

Ordnen Sie die folgenden Statistiken in die zugehörigen Untergruppen ein!

a)

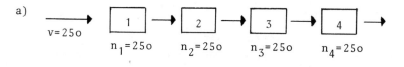

b)

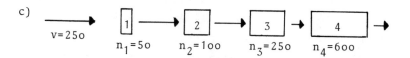

c)

d)

a) Umlauf von festverzinslichen Wertpapieren inländischer Emittenten

b) Einzelhandelsumsätze

c) Schatzwechselbestände der Kreditinstitute

d) Kredite der Bankengruppen an Nichtbanken

e) Währungsparitäten der Mitglieder des Internationalen Währungsfonds

f) Reservesätze

g) Diskont- und Lombardsatz der Deutschen Bundesbank

h) Einlagen der inländischen öffentlichen Haushalte bei der Deutschen Bundesbank

i) Geldmarktsätze im Ausland

k) Verschuldung der Bundesbahn und der Bundespost

l) Konsolidierte Bilanz des Bankensystems

m) Entwicklung des Bauspargeschäftes

L 4.1o

Bruttoproduktionswerte:

a) 5oo + 75o + 1ooo + 125o = 35oo

b) 125o

c) 3oo + 4oo + 65o + 125o = 26oo

d) 85o + 11oo + 12oo + 125o = 44oo

Nettoproduktionswerte: in allen Fällen 1ooo

Nettoquoten:

a) 1ooo · 1oo / 35oo = 28,6 %

b) 1ooo · 1oo / 125o = 8o,o %

c) 1ooo · 1oo / 26oo = 38,5 %

d) 1ooo · 1oo / 44oo = 22,7 %

Fälle a) und b): Werden die vier Betriebe zu einem Betrieb vereinigt, so verdreifacht sich die Nettoquote (da der Bruttoproduktionswert sinkt).

Fälle c) und d): Die Produktionskette wird umgedreht.
Die Nettoquote erhöht sich, wenn cet. par. der
Betrieb mit dem höchsten Nettoproduktionswert
am Ende der Kette erscheint.

L 11.o1

1) : 1)   2) : h)   3) : c)   4) : f)   5) : i)
6) : a)   7) : k)   8) : b)   9) : e).

F 11.o2

In der Geldangebotstheorie spielt der Begriff des
Geldvolumens eine zentrale Rolle. Bei dem Problem, für
die sog. monetäre Expansion einen geeigneten Maßstab
zu finden, hat die Deutsche Bundesbank verschiedene
Geldmengendefinitionen als Indikatoren der Geldpolitik
vorgeschlagen:

bis 1968:	M_1 (Geldmenge im engeren Sinne) und M_1 zuzüglich Termingelder bis zu 6 Monaten
ab 1968:	M_1 zuzüglich der Termingelder inländischer Nichtbanken mit einer Befristung unter 3 Monaten
ab 1971:	M_1 und M_2 (d. h. M_1 zuzüglich 'Quasigeld')
ab 1975:	Neben M_1 und M_2 noch M_3 ('breite Geldmengen-definition')

Betrachtet wird ein (Einprodukt-)Unternehmen, dessen
Umsatz im Basisjahr 1,2 Mio. DM betrug (Menge in
Stück: 6o; Preis in DM: 2oooo) bei einem Vorleistungs-
einsatz von o,4 Mio. DM (Menge in Tonnen: 2o; Preis je
Tonne in DM: 2oooo). Für das Berichtsjahr soll der
Preis je Stück auf 25ooo DM angehoben werden.
Es sei angenommen, daß im Basisjahr und im Berichtsjahr keine Bestandsveränderungen an Halbfertig- und
Fertigerzeugnissen zu verzeichnen waren und keine Anlagen selbsterstellt worden sind (d. h. Bruttoproduktionswert = Umsatz).
Unter welcher Voraussetzung ist der Nettoproduktionswert des Unternehmens im Berichtsjahr (in den Preisen
des Berichtsjahres) größer als Null und gleichzeitig
im Berichtsjahr (in den Preisen des Basisjahres) klei-
ner als Null, wenn sich Preis und Menge der Vorleistungen nicht ändern?

Von den angeführten Geldmengenkonzepten ist der seit
1974 von der Bundesbank verwendete monetäre Indikator
der Zentralbankgeldmenge (Bargeld plus Mindesreserve-
Soll) zu unterscheiden.

Streichen Sie in den folgenden Gleichungen jeweils
die fälschlicherweise hinzugefügten Summanden!

$$M_1 = C + D + T + S$$
$$M_2 = C + D + T + S$$
$$M_3 = C + D + T + S$$

Dabei bedeuten:

C: Bargeldumlauf (ohne Kassenbestände der Kreditinstitute)

D: Sichteinlagen inländischer Nichtbanken (ohne Zentralbankeinlagen öffentlicher Haushalte)

T: Termineinlagen inländischer Nichtbanken (mit Befristung bis unter vier Jahren)

S: Spareinlagen inländischer Nichtbanken (ohne Spar-
briefe)

L 4.11

Zusammenstellung der Zahlenangaben:

Preis p (in Tsd. DM); Menge q; Bruttoproduktion b;

Nettoproduktion n; Vorleistungen v.

	Basisjahr (o)	Berichtsjahr (t)
q^b	6o	-
p^b	2o	25
q^v	2o	2o
p^v	2o	2o

Damit reduziert sich die Fragestellung auf die Bestimmung von q^b im Berichtsjahr (Bruttoproduktion bei unverändertem Einsatz an Vorleistungen).

$$p^b(t) \cdot q^b(t) - p^v(t) \cdot q^v(t) > o$$

$$p^b(o) \cdot q^b(t) - p^v(o) \cdot q^v(t) < o$$

L 11.o2

$$M_1 = C + D \qquad M_2 = C + D + T \qquad M_3 = C + D + T + S$$

Hinweis:

Die international übliche Definition des Geldvolumens ist: Bargeldumlauf (ohne Kassenbestände der Kreditinstitute) + Sichteinlagen inländischer Unternehmen und Privatpersonen (d. h. ohne Sichteinlagen sonstiger öffentlicher Stellen bei Kreditinstituten).

Die Bundesbank selbst spricht der Zentralbankgeldmenge als monetärem Indikator die größe Aussagekraft zu:

"...die Zentralbankmenge (kann), obgleich nur ein Teil, selbst für das Ganze stehen: nämlich für die gesamte, von der Notenbank ermöglichte monetäre Expansion. Gegenüber konkurrierenden Indikatoren - wie den verschiedenen Geldmengenbegriffen - hat die Zentralbankgeldmenge einige Vorzüge" (Geschäftsbericht der Deutschen Bundesbank für das Jahr 1974, S. 26).

Mit den angegebenen Zahlen gilt:

$$25 \cdot q^b(t) - 2o \cdot 2o > o \rightarrow q^b(t) > \frac{4oo}{25} = 16$$

$$2o \cdot q^b(t) - 2o \cdot 2o < o \rightarrow q^b(t) < \frac{4oo}{2o} = 2o$$

Wenn im Berichtsjahr 17, 18 oder 19 Stück produziert werden, sind die Behauptungen richtig!

F   4.12

Der vom Statistischen Bundesamt (monatlich) berechnete Index der industriellen Nettoproduktion soll die Entwicklung der industriellen Nettoproduktion (unter Ausschaltung der Preisveränderungen) aufzeigen.

richtig   falsch

a) Die Einteilung der Industriegruppen erfolgt nach dem systematischen Warenverzeichnis für die Industriestatistik, wobei Mehrproduktbetriebe nach dem Schwerpunktprinzip zugeordnet werden.   ☐   ☐

F   11.o3

Für die unterschiedlichen Geldmengenkonzepte werden verschiedene Koeffizienten der Umlaufs- (bzw. Einkommenskreislauf)-geschwindigkeit des Geldes v_1, v_2 oder v_3 berechnet, indem das Bruttosozialprodukt zu Marktpreisen (in jeweiligen Preisen) ins Verhältnis gesetzt wird zu M_1, M_2 oder M_3 (Jahresdurchschnittswerte).

Berechnen Sie aus den folgenden Angaben v_1 für die Jahre 1971 bis 1975 und vergleichen Sie die Wachstumsraten des Bruttosozialproduktes (BSP) mit denjenigen der Umlaufsgeschwindigkeit des Geldes!

	1971	1972	1973	1974	1975
BSP (in Mrd. DM)	761,8	833,9	927,5	997,o	1o43,6
M_1 (in Mrd. DM)	1o9,9	125,o	132,3	140,3	160,o

b) Je Industriegruppe wird ein Mengenindex nach Laspeyres berechnet, wobei die Gewichtung über die Nettoproduktionswerte erfolgt.

c) Die je Industriegruppe berechneten
Mengenindexzahlen nach Laspeyres
werden zu einem Gesamtindex zusammengefaßt, indem ein gewichtetes
arithmetisches Mittel (Gewichte:
Gruppennettoproduktionswerte im
Basisjahr) berechnet wird.

d) Die monatliche Fortschreibung der
Gruppenindexzahlen erfolgt mit Hilfe von Ersatzreihen.

e) Die Ersatzreihen sind: Bruttomengen
des Güterausstoßes, (preisbereinigte) Bruttowerte des Güterausstoßes,
(preisbereinigte) Umsatzwerte, Zahl
der geleisteten Arbeiterstunden und
der Rohstoffverbrauch.

L 11.03

Es ergeben sich:

	1971	1972	1973	1974	1975
v_1	6,93	6,67	7,01	7,11	6,52
WR BSP	-	9,46	11,22	7,49	4,67
WR v_1	-	-3,75	5,10	1,43	-8,30

Duwendag schreibt zur Interpretation (DUWENDAG, D.:
Die neue Geldpolitik der Deutschen Bundesbank: Interpretation und kritische Anmerkungen, in: Konjunktur-
politik 5/1976, S. 277): "Im 'sanften' Aufschwung des
Jahres 1973 sank die Kassenhaltung relativ zum Einkommen, und die Umlaufgeschwindigkeit von M_1 stieg,...
in der Rezession des Jahres 1975 dagegen stieg die
Geldnachfrage relativ zum Einkommen und v_1 sank....
M. a. W., im konjunkturellen Boom wird die Kassenhaltung rationalisiert, jede Geldeinheit wird im Durchschnitt verstärkt genutzt, arbeitet härter - und vice
versa für Abschwungsphasen."

138

	richtig	falsch

f) Die Preisbereinigung bei den Brut-
   towerten des Güterausstoßes erfolgt
   mit Hilfe der entsprechenden Indizes der Erzeugerpreise industrieller Produkte.

g) Die Fortschreibung über (preisbereinigte) Umsatzwerte empfiehlt
   sich insbesondere, wenn keine star-
   ken Mengenveränderungen auftreten.

h) Die Fortschreibung über die Zahl
   der geleisteten Arbeiterstunden
   empfiehlt sich, wenn die Dienstleistungen (etwa Reparaturen) einen
   hohen Anteil der Gesamtleistung
   ausmachen und bei langfristigen
   Großprojekten (Bauindustrie, Schiff-
   bau).

i) Der Index der industriellen Nettoproduktion wird in kalendermonat-
   licher und in von Kalenderunregelmäßigkeiten bereinigter Form veröffentlicht.

F 11.04

Im Rahmen der 'Bankstatistischen Gesamtrechnungen' in
den Monatsberichten der Deutschen Bundesbank werden unter dem Stichwort 'Zentralbankgeldbeschaffung und freie
Liquiditätsreserven der Banken' für den Dezember 1975
folgende Veränderungen (in Mio. DM, berechnet auf der
Basis von Tagesdurchschnitten des Monats) angegeben:

1) Bargeldumlauf	+ 4274
2) Veränderung der Rediskontkontingente	- 8
3) Mindestreserve auf Inlandsverbindlich-keiten	+ 1415
4) Geldmarktverschuldung von Nichtbanken gegenüber Kreditinstituten (in Form von Titeln, deren Ankauf die Bundesbank zugesagt hat)	+ 120
5) 'Float' im Zahlungsverkehr mit der Bun-desbank	+ 1165

a) Berechnen Sie die Höhe der Veränderung der
   Zentralbankgeldmenge!

b) Wie hoch ist die Veränderung der Faktoren, welche
   die freien Liquiditätsreserven unmittelbar beein-
   flussen?

L 4.12

Alle Behauptungen sind richtig.

Hinweis:

> W. KRUG (Zur Genauigkeit des Index der industriel-
> len Nettoproduktion, in: Jahrbücher für National-
> ökonomie und Statistik 1976, S. 546) schreibt:
> "Differenzen zwischen der Idealform und der Ar-
> beitsform des Index ergeben sich durch die Not-
> wendigkeit, (1) Ersatzreihen für die Nettoproduk-
> tionswerte zu verwenden und (2) konstante Gewich-
> tung ('Nettoquote') über einen längeren Zeitraum
> beizubehalten. ... Ausgehend vom Nettokonzept des
> Index ... hat die Kritik wiederholt darauf hinge-
> wiesen, daß es nicht zulässig sei, eine parallele
> Entwicklung der überwiegend zur Fortschreibung be-
> nutzten Mengenreihen der Produktion und des Ma-
> terialverbrauchs zu unterstellen, da sich die Sal-
> den aus der Bruttoproduktion einerseits und dem
> Warenverbrauch andererseits kurzfristig ändern
> können. ... Eine unterschiedliche Entwicklung der
> Input-Outputpreise beeinflußt die Höhe der Netto-
> quote, so daß deren Konstanz für längere Zeit nur
> bei Einschränkung der Aussagefähigkeit des Indi-
> kators zu unterstellen ist ....."

L 11.o4

a) 1) + 3) = 4274 + 1415 = +5689
b) 2) + 4) = - 8 + 12o = + 112

Hinweis:

Die Tabelle "Zentralbankgeldbeschaffung und freie
Liquiditätsreserven der Banken" enthält in anderer
Anordnung und zum Teil etwas geänderter Abgrenzung
die Positionen, die bis Februar 1974 in der
Tabelle "Zur Entwicklung der Bankenliquidität" im
Rahmen der Monatsberichte der Deutschen Bundesbank
veröffentlich wurden.

Im Mittelpunkt stehen Veränderung bzw. Bestimmungsfaktoren der Zentralbankgeldmenge und der freien
Liquiditätsreserven.

Nehmen Sie kurz Stellung zu den folgenden Behauptungen!

a) Der vom Statistischen Bundesamt berechnete Index der industriellen Nettoproduktion steigt an, wenn (im Index erfaßte) Betriebe durch Rationalisierungsmaßnahmen die gleiche mengenmäßige Produktion bei einem kleineren Einsatz an (materiellen) Vorleistungen erbringen, d. h. gleiche Bruttoproduktion bei steigender Nettoproduktion.

b) Der vom Statistischen Bundesamt berechnete Index der industriellen Nettoproduktion sinkt, wenn (im Index erfaßte) Betriebe bei Qualitätsverbesserungen ihrer Produkte die Preise überproportional (d. h. über das Ausmaß der Qualitätsverbesserungen hinaus) erhöhen (gleiche mengenmäßige Produktion vorausgesetzt).

c) Der vom Statistischen Bundesamt berechnete Index der industriellen Nettoproduktion verändert sich nicht, wenn ein (im Index erfaßter) Betrieb seine Zulieferbetriebe (ebenfalls im Index erfaßt) aufkauft.

Hinweis: Es ist von der laufenden (monatlichen) Berechnung (d. h. das Basisjahr ändert sich nicht) und der cet.-par.-Klausel auszugehen!

Welche der folgenden Positionen zählen nicht zum Geldvolumen M_1, obwohl sie im Inland nachfragewirksam sein können?

a) Zentralbankeinlagen der öffentlichen Haushalte
b) Guthaben von Ausländern bei inländischen Geschäftsbanken
c) Bargeld in Form von im Ausland befindlichen DM-Noten und -Münzen
d) Sichteinlagen der Bundesbahn bei Geschäftsbanken
e) Kreditzusagen der Geschäftsbanken an Unternehmen
f) Termingelder mit Befristung bis unter vier Jahren
g) Spareinlagen mit gesetzlicher Kündigungsfrist

L 4.13

a) Keine Änderung des Index, da die Fortschreibung nicht über Nettogrößen erfolgt (Ersatzreihen!).

b) Ja, bei Fortschreibung über preisbereinigte Brutto- oder Umsatzwerte.

c) Ja, wenn die Fortschreibung über die geleisteten Arbeiterstunden erfolgt. In allen anderen Fällen sinkt der Index: Fortschreibung über Bruttomengen des Güterausstoßes, (preisbereinigte) Bruttowerte, (preisbereinigte) Umsatzwerte und Rohstoffverbrauch.

F 4.14

Berechnen Sie auf der Grundlage der folgenden Angaben (keine selbsterstellten Anlagen, keine Bestandserhöhungen an Halb- und Fertigfabrikaten, Bruttoproduktionswert = wirtschaftlicher Umsatz, Preise in DM, Mengen in Stück):

a) die Nettoquoten der drei Branchen im Basisjahr (o),

b) einen Nettoproduktionsindex nach Laspeyres NPI (o,t),

L 11.o5

a), b), e), f), g) gehören nicht zum Geldvolumen M_1.

F 11.o6

Der <u>Aktienindex</u> (1972 = 1oo) des Statistischen Bundesamtes ist ein Preisindex der Kursnotierung nach Laspeyres, wobei der Anteil am Nominalkapital (d. h. der Nennwert der Stammaktien) der Gesellschaften am 29. 12. 1972 die Gewichtung darstellt:

$$\frac{\sum_i K_i(t) \cdot N_i(o)}{\sum_i K_i(o) \cdot N_i(o)} \cdot 1oo$$

Der <u>Durchschnittskurs</u>, ein mit dem jeweiligen Nominalkapital der Gesellschaften gewichtetes arithmetisches Mittel, umfaßt nicht nur eine Auswahl von 285 Aktien wie beim Aktienindex, sondern alle zum Berichtszeit-

c) einen Index der Nettoproduktion INP (o,t) entsprechend der Vorgehensweise des Statistischen Bundesamtes bei der Berechnung des Index der industriellen Nettoproduktion (Mengenfortschreibung!).

	Bruttoproduktion			
	Basisjahr		Berichtsjahr	
	Gut A	Gut B	Gut A	Gut B
Branche	Preis Menge	Preis Menge	Preis Menge	Preis Menge
1	3 1o	5 1o	4 1o	9 18
2	5 12	1o 1o	6 2o	12 4
3	2 2o	5 12	1 3o	7 1o

	Vorleistungen			
	Basisjahr		Berichtsjahr	
	Gut A	Gut B	Gut A	Gut B
Branche	Preis Menge	Preis Menge	Preis Menge	Preis Menge
1	4 2	4 7	3 2	4 2
2	1o 1	1o 5	12 3	14 1
3	3 4	8 4	4 2	1o 1

---

punkt an inländischen Aktienbörsen notierten Aktien:

$$\frac{\sum\limits_{i} K_i(t) \cdot N_i(t)}{\sum\limits_{i} N_i(t)}$$

Die Durchschnittsdividende berechnet sich als mit dem
jeweiligen Nominalkapital der Gesellschaften gewichtetes arithmetisches Mittel der zuletzt gewährten
Dividenden:

$$\frac{\sum\limits_{i} D_i(t) \cdot N_i(t)}{\sum\limits_{i} N_i(t)}$$

Berechnen Sie die Durchschnittsrendite!

L 4.14

a) Nettoquote = $(NPW/BPW) \cdot 100$

Branche	BPW				Vorleistung				NPW	Nettoquote
1	30 +	50 =	80	8 +	28 =	36		44	55,0 %
2	60 +	100 =	160	10 +	50 =	60		100	62,5 %
3	40 +	60 =	100	12 +	32 =	44		56	56,0 %
Summe			340			140		200	

b) Der Nettoproduktionsindex $NPI(o,t)$ beträgt 150.
Mit den Abkürzungen b: brutto, n: netto und v: Vorleistungen gilt:

$$NPI(o,t) = \frac{\Sigma q^b(t) \cdot p^b(o) \ ./. \ \Sigma q^v(t) \cdot p^v(o)}{\Sigma q^b(o) \cdot p^b(o) \ ./. \ \Sigma q^v(o) \cdot p^v(o)} \cdot 100$$

Es errechnet sich:

$$\Sigma q^n(t) \cdot p^n(o) = \Sigma q^b(t) \cdot p^b(o) \ ./. \ \Sigma q^v(t) \cdot p^v(o) = 300$$

$$\Sigma q^n(o) \cdot p^n(o) = \Sigma q^b(o) \ p^b(o) \ ./. \ \Sigma q^v(o) \cdot p^v(o) = 200$$

c) Zuerst sind je Branche (k=1,2,3) Bruttomengenindexzahlen nach Laspeyres zu berechnen: $INP_k(o,t)$. Der

---

L 11.06

Die Rendite einer Aktie ist die Effektivverzinsung in Form des Verhältnisses Dividende zu Kurs. Die Durchschnittsrendite ergibt sich also aus Durchschnittsdividende zu Durchschnittskurs:

$$\sum_i D_i(t) \cdot N_i(t) / \sum_i K_i(t) \cdot N_i(t)$$

F 11.07

Welche der folgenden Behauptungen sind falsch?

a) In den "Statistischen Beiheften zu den Monatsberichten der Deutschen Bundesbank" (Reihe 1: Bankenstatistik nach Bankengruppen) werden regelmäßig Angaben über die absolute Höhe der Rediskontkontingente der verschiedenen Bankengruppen veröffentlicht. ☐

b) In Boomphasen sinkt die Umlaufgeschwindigkeit des Geldes. ☐

Summationsindex (i=1,2) läuft bei diesen Indexzahlen
über die Güter A und B. INP(o,t) ergibt sich dann
als gewichtetes arithmetisches Mittel [Generalindex,
Gewichte: Nettoproduktionswerte der Branchen im Basisjahr $N_k(o)$] der $INP_k(o,t)$. Es gilt:

$$INP_k(o,t) = \frac{\sum\limits_{i=1}^{2} \frac{q_i^b(t)}{q_i^b(o)} \cdot N_i^k(o)}{\sum\limits_{i=1}^{2} N_i^k(o)} \cdot 100$$

$N_i^k(o)$ bezeich-
net den Netto-
produktionswert
des Gutes i der
Branche k im
Basisjahr.

$$INP(o,t) = \frac{\sum\limits_{k=1}^{3} INP_k(o,t) \cdot N_k(o)}{\sum\limits_{k=1}^{3} N_k(o)}$$

Die Nettoproduktionswerte der Branchen 1,2,3 im Basisjahr betragen (Gut A, Gut B): Branche 1 (22,22), Branche 2 (50,50) und Branche 3 (28,28). Die $INP_k(o,t)$ der
Branchen 1,2,3 betragen: 140,0; 103,3 und 116,7.
Für den INP(o,t) ergibt sich: 115,1.

---

c) Für Geldmarktsätze, Diskontsatz, Zinssatz für
   Spareinlagen mit gesetzlicher Kündigungsfrist
   usw., werden monatliche Durchschnittssätze in
   den Monatsberichten veröffentlicht.

d) In den Monatsberichten werden regelmäßig monatliche Angaben über die Steuereinnahmen
   (z. B. Lohnsteuer, Körperschaftssteuer,
   Mehrwertsteuer, Tabaksteuer) des Bundes und
   der Länder veröffentlicht.

e) Die in der Bundesrepublik Deutschland berechneten Aktienindizes unterscheiden sich
   nur durch die Zahl der erfaßten Aktiengesellschaften.

f) In den "Statistischen Beiheften zu den Monatsberichten der Deutschen Bundesbank"
   findet man saisonbereinigte Wirtschaftszahlen.

g) In den Geschäftsberichten der Deutschen Bun-
   desbank werden zur Zahlungsbilanzstatistik
   Jahresbilanzen veröffentlicht, in denen - im
   Unterschied zu den Monatsbilanzen in den
   Monatsberichten und den Statistischen Beihef-
   ten - die Einfuhren zu fob-Werten ausgewiesen
   werden statt zu cif-Werten wie in der amtlichen
   Außenhandelsstatistik.

Stellen Sie die in der folgenden Tabelle aufgeführten
Zahlen jeweils für den Investitionsgüterbereich und
den Verbrauchsgüterbereich graphisch dar und interpretieren Sie die Ergebnisse!

Indizes der industriellen Nettoproduktion und der industriellen Bruttoproduktion (197o=1oo, von Kalenderunregelmäßigkeiten bereinigt)			
Investitionsgüter		Verbrauchsgüter	
Jahr	Nettoprod.	Bruttoprod.	Nettoprod.	Bruttoprod.
1966	76,o	78,o	84,4	79,9
1967	71,4	73,7	8o,1	74,7
1968	77,9	78,2	87,7	83,3
1969	91,9	91,o	97,7	95,1
197o	1oo,o	1oo,o	1oo,o	1oo,o
1971	99,3	1oo,9	1o3,6	1o2,4
1972	1o2,3	1o4,7	1o9,6	1o6,8
1973	11o,3	1o8,7	112,2	11o,7
1974	1o7,2	1o7,3	1o7,7	1o2,9
1975	1o2,1	1o3,5	1o1,9	1oo,1

L 11.o7

Die Behauptungen a), b), c), e) sind falsch.

Hinweis:

a) Die Höhe der Kontingente für das Rediskontieren
von Wechseln bei der Bundesbank wird unter Berücksichtigung der Eigenkapitalbasis der Banken
aufgrund verschiedener individueller Faktoren
geheim festgelegt. Auch über den Gesamtbetrag
der Rediskontfazilitäten werden (ganz im Gegensatz zu anderen Notenbanken, z. B. der
Banque de France) keine Angaben gemacht.

b) vgl. die Ausführungen zu F 11.o3.

c) Für den Diskontsatz, der aufgrund von Beschlüs-
sen des Zentralbankrates durch die Bundesbank
ungefähr zwei- bis dreimal jährlich neu festge-
setzt wird, wäre es nicht sinnvoll, Monatsdurch-
schnitte zu veröffentlichen.

d) unter VII. öffentliche Finanzen.

e) Es gibt eine Vielzahl von Aktienkursindizes, die
sich in der Wahl der Indexformel, Gewichtung,
Basis, Periodizität, Gliederung der Aktien,

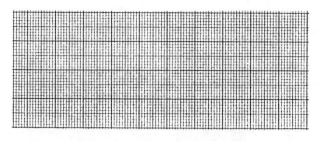

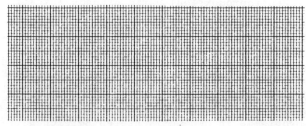

Zahl der erfaßten Gesellschaften und Konzeptionen
(Einzelkursveränderungen, Kursniveau, Portefeuille,
aggregierte Börsenkapitalisation) unterscheiden.
Vgl. BLEYMÜLLER, J., Theorie und Technik der
Aktienkursindices, Wiesbaden 1966.

f) In der Reihe 4 der Statistischen Beihefte werden
Zeitreihen veröffentlicht, die mit Hilfe des
Census-Verfahrens der Deutschen Bundesbank (vgl.
Monatsberichte der Deutschen Bundesbank, März 197o)
saisonbereinigt worden sind.

g) Der Differenzbetrag, die Versicherungs- und Transportkosten der Einfuhr, wird in den Jahresbilanzen
den Dienstleistungen zugeschlagen, so daß der Saldo
der Leistungsbilanz unverändert bleibt (vgl. Erläuterungen und Hinweise in den Statistischen Beiheften zu den Monatsberichten, Reihe 3, Zahlungsbilanzstatistik).

L 4.15

Es zeigt sich, daß (im betrachteten Zeitraum):

a) der Index der industriellen Nettoproduktion der Investitionsgüterindustrien (überwiegend) <u>größer</u> ist
als der Index der industriellen Bruttoproduktion
für Investitionsgüter und

b) der Index der industriellen Nettoproduktion der Verbrauchsgüterindustrien <u>kleiner</u> ist als der Index der
industriellen Bruttoproduktion für Verbrauchsgüter.

Hinweis:

Entsprechend können die Indizes der Nettoproduktion
(bzw. der Bruttoproduktion) getrennt nach Investitions- und Verbrauchsgüter(industrien) verglichen
werden. Bei allen Vergleichen ist jedoch zu beachten, daß die Indizes der industriellen Nettoproduktion institutionell gegliedert sind (Schwerpunktprinzip, Gliederung nach Industriezweigen), während
die Indizes der industriellen Bruttoproduktion funktionell (nach dem vermutlichen Verwendungszweck der
Güter) gegliedert sind. Die Gliederung nach dem
Schwerpunktprinzip ist wegen der Struktur der Produktionsprogramme in den betrachteten Bereichen
(Investitionsgüter, Verbrauchsgüter) nicht unproblematisch.

12. VOLKSWIRTSCHAFTLICHE GESAMTRECHNUNGEN FÜR DIE BUNDESREPUBLIK DEUTSCHLAND

F 12.o1

In den Volkswirtschaftlichen Gesamtrechnungen für die
Bundesrepublik Deutschland wird ab 1970 (mit Zahlen
ab 1960) neben der vereinfachten 3 Sektorengliederung
die erweiterte 7 Sektorengliederung benutzt.

3 Sektoren	7 Sektoren
Unternehmen	1 Produktionsunternehmen 2 Kreditinstitute 3 Versicherungsunternehmen
Staat	4 Gebietskörperschaften 5 Sozialversicherung
Private Haushalte	6 Private Haushalte i. e. S. 7 Private Organisationen ohne Erwerbscharakter

Im folgenden sind die Werte des Index der industriellen Nettoproduktion (1950 bis 1970 Basis 1962, danach
Basis 1970, kalendermonatlich) der gesamten Industrie
ohne Energiewirtschaft und Bauindustrie gegeben! Wie
kann mit Hilfe dieser Zahlen eine 'Zyklendatierung'
für den Bereich der 'Industrie' vorgenommen werden?

Jahr	1950	1951	1952	1953	1954	1955	1956
Index	36,7	43,1	46,1	50,0	55,9	64,7	69,9

Jahr	1957	1958	1959	1960	1961	1962	1963
Index	73,4	75,5	81,1	91,1	96,4	100,0	102,8

Jahr	1964	1965	1966	1967	1968	1969	1970
Index	112,3	118,9	120,2	116,8	130,6	147,5	156,6

Jahr	1971	1972	1973	1974	1975	1976	
Index	101,6	104,9	111,7	109,4	102,1	110,5	

Ordnen Sie den folgenden Institutionen eine der Zahlen 1 bis 7 der erweiterten Sektorengliederung zu!

a) Politische Parteien $\qquad$ ☐

b) Pflichtversicherungen (Ersatzkassen) ☐

c) Deutsche Bundesbahn ☐

d) Bundeswehr ☐

e) Bausparkassen ☐

f) Lebensversicherungen ☐

g) Deutscher Gewerkschaftsbund ☐

h) Bundesverband der Deutschen Industrie ☐

i) Ruhr-Universität-Bochum ☐

k) Sportvereine ☐

l) Rechtsanwaltspraxis ☐

L 4.16

Eine Zyklendatierung kann über die Berechnung der Wachstumsraten erfolgen, die im folgenden graphisch dargestellt sind.

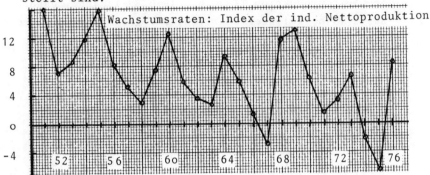

Wachstumsraten: Index der ind. Nettoproduktion

Die Datierung der Industriezyklen auf der Basis von Jahreswerten ist relativ grob; es sollte besser auf Monats- oder zumindest Vierteljahreswerte abgestellt werden. Zudem ist der Zeitraum 1950 bis 1970 (zur Basis 1962) für Indexzahlen relativ lang. Die Wachstumsraten der Jahreswerte zeigen den 4- bis 5-jährigen (Konjunktur-) Zyklus der Industrieproduktion.

L 12.01

In der Reihenfolge a) bis l) sind einzutragen:

7, 5, 1, 4, 2, 3, 7, 1, 4, 7, 1.

Hinweis:

Die Gliederung der Sektoren nach der Art ihres wirtschaftlichen Verhaltens erfolgt nach den folgenden Kriterien:
1) Unternehmen produzieren (und verteilen) in erster Linie Waren und Dienstleistungen, die sie auf dem Markt gegen ein Entgelt, das mindestens die Kosten deckt, anbieten.
2) Die Aufgabe des Staates wird primär darin gesehen (meist unabhängig vom Markt), Dienstleistungen für die Allgemeinheit zu erbringen (Verwaltungsleistungen, Umverteilung von Einkommen und Vermögen, Kreditpolitik), die überwiegend aus Zwangsabgaben finanziert werden.
3) Die privaten Haushalte werden in erster Linie als Einkommensempfänger und Endverbraucher gesehen. Die privaten Organisationen ohne Erwerbscharakter umfassen alle Organisationen, Verbände, Vereine u. ä., die nicht dem Sektor Staat zugerechnet werden können, die ihre Leistungen

150

5. NACHFRAGEENTWICKLUNG

F 5.o1

W. Komphardt definiert im Handwörterbuch der Sozialwissenschaften (Göttingen 1956 Bd. 7, S.497) den wirt-
schaftstheoretischen Nachfragebegriff wie folgt:

"Das Wort Nachfrage pflegt für den Markt eines einzelnen Gutes jene Menge zu bezeichnen, die von einem
bestimmten Gut - sei es Sachgut, sei es Dienst oder
Leistung - bei einem bestimmten (bekannten oder er-
warteten) Preise (in Geldeinheiten ausgedrückt) von
einem oder vielen Wirtschaftssubjekten gekauft (verlangt, gesucht) wird."

Mit Hilfe welcher (amtlichen) statistischen Daten
kann die Nachfrage (-entwicklung) quantifiziert
werden?

---

nicht gegen spezielles Entgelt anbieten und sie
hauptsächlich aus Zahlungen der privaten Haushalte
finanzieren.

Werden Institutionen überwiegend durch einen der
3 Sektoren finanziert, dann sind sie diesem zuzuordnen.

F 12.o2

In den Volkswirtschaftlichen Gesamtrechnungen für die
Bundesrepublik Deutschland wird unterschieden zwischen

a) den Einkommen aus Erwerbstätigkeit und Vermögen
   und

b) den Übertragungen ohne Gegenleistung.

Die Übertragungen (ohne Gegenleistung) werden in
laufende und Vermögensübertragungen aufgeteilt.

Welches sind die Kriterien für die Abgrenzung von
laufenden Übertragungen und Vermögensübertragungen?

Nennen Sie jeweils 2 Beispiele!

L 5.o1

Legt man den auf den (Ver-) Käufen basierenden Nachfragebegriff zugrunde, so kann auf Umsatzzahlen in einer
Vielzahl von amtlichen Statistiken zurückgegriffen werden (z. B.: Industrieberichterstattung, Kostenstruktur-
statistik, Handwerksberichterstattung, Bauberichter-
stattung, Großhandels- und Einzelhandelsstatistik).

Legt man den auf den 'Bestellungen' (verlangt, gesucht)
basierenden Nachfragebegriff zugrunde, so kann für
Teile der Verarbeitenden Industrie (Grundstoff- und
Produktionsgüterindustrien, Investitionsgüterindustrien,
Verbrauchsgüterindustrien) und für das Bauhauptgewerbe
auf die Angaben der Auftragseingangsstatistik und der
Auftragsbestandsstatistik zurückgegriffen werden.

L 12.o2

Laufende Übertragungen: regelmäßig wiederkehrende
Übertragungen (einseitige Ströme, ohne Gegenleistung).
Beispiele: Renten, Krankengeld, die meisten Steuern,
Lotteriegewinne, Subventionen für laufende Produk-
tionszwecke.

Vermögensübertragungen: 'größere' einmalige oder un-
regelmäßige Übertragungen (einseitige Ströme, ohne
Gegenleistung, in Zweifelsfällen vermögenswirksam
aus der Sicht des 'kleineren' Sektors bzw. des In-
landes. Beispiele: Zahlung höherer Erbschaftssteuern
oder größere Versicherungsleistungen für Vermögens-
verluste (in beiden Fällen 'vermögenswirksam' aus der
Sicht des Sektors 'private Haushalte'), staatliche
Zuschüsse für Investitionszwecke.

F 12.o3

Die folgenden Behauptungen bzw. Sätze beziehen sich
auf die vom Statistischen Bundesamt für die Bundesrepublik Deutschland halbjährlich bzw. jährlich erstellten Volkswirtschaftlichen Gesamtrechnungen (VGR).
Kreuzen Sie die richtigen Punkte an!

Die folgenden Statistiken liefern Angaben über die
Umsatzentwicklung in der Industrie:

	ja	nein
a) Kostenstrukturstatistik	☐	☐
b) Zensus im Produzierenden Gewerbe	☐	☐
c) Monatlicher Industriebericht	☐	☐
d) Jährlicher Industriebericht für Kleinbetriebe	☐	☐
e) Jährliche Unternehmenserhebung	☐	☐
f) Umsatzsteuerstatistik	☐	☐

---

	richtig
a) Die VGR sind ex-post-Darstellungen, d. h. Rechnungslegungen für abgelaufene Perioden.	☐
b) In den VGR werden nur tatsächlich erfolgte Transaktionen (Käufe bzw. Verkäufe) erfaßt.	☐
c) Die ökonomischen Vorgänge werden in den VGR zum Zeitpunkt der Bezahlung nachgewiesen.	☐
d) In den VGR wird grundsätzlich das Marktpreiskonzept zugrunde gelegt.	☐
e) Die Ersparnisbildung ist bei allen Sektoren ein vermögenswirksamer Vorgang.	☐
f) Die VGR werden erstellt auf der Grundlage von etwa 2oo unterschiedlichen statistischen Erhebungen, die aufeinander abgestimmt und durch Schätzungen ergänzt werden müssen.	☐
g) Die Einkommen in der VGR sind Stromgrößen, die durch Beteiligung am Produktionsprozeß (Erwerbs- und Vermögenseinkommen) entstehen oder ohne Gegenleistung erfolgen (Übertragungseinkommen, freiwillig oder entsprechend rechtlicher Regelungen).	☐

L 5.o2

Alle angeführten Statistiken liefern Angaben über die
Umsatzentwicklung in der Industrie.

F 5.o3

Im Rahmen des monatlichen Industrieberichts wird der
Umsatz (wirtschaftlicher Umsatz) wie folgt (für Betriebe
mit zwanzig und mehr Beschäftigten) abgegrenzt:
Umsatz aus eigener Erzeugung (ohne Umsatz: in Handelsware, aus dem Verkauf von Abfällen, von Energie, von
Anlagegütern u. ä.); der Umsatz beruht auf Rechnungswer-
ten (Fakturenwerten) ohne in Rechnung gestellt Umsatz-
(Mehrwert-)steuer; im Umsatz enthalten sind Verbrauchs-
steuern und Kosten für Fracht, Verpackung, Porto und
Spesen, auch wenn diese gesondert berechnet werden; da
es sich grundsätzlich um fakturierte Werte handelt, enthält der Umsatz nicht den Wert der Lieferungen, die innerhalb eines Unternehmens von Werk zu Werk stattfinden.

L 12.o3

falsch: b) und c); richtig: sonst.

zu b) Die VGR streben einen Kompromiß zwischen Rechnungslegung für abgelaufene Perioden (Kreis-
laufdarstellung) und Sozialproduktrechnung an.
Deshalb werden neben Marktvorgängen auch 'unterstellte Transaktionen' berücksichtigt, insbesondere in den Fällen der Identität von Verbraucher und Produzent. Beispiele: Nutzung der
eigenen Wohnung, Entnahmen aus dem eigenen Betrieb, Naturalentlohnung.

zu c) A. Stobbe (Volkswirtschaftslehre I, Volkswirtschaftliches Rechnungswesen, 4. Aufl., Berlin,
Heidelberg, New York 1976, S. 153f.) schreibt:
"Man hat festgelegt, daß im Prinzip bei allen
Transaktionen der Zeitpunkt maßgebend ist, in
dem eine Forderung oder Verbindlichkeit entsteht oder verschwindet. Beim Verkauf eines Gutes wird also auf den Zeitpunkt abgestellt, zu
dem beim Verkäufer eine Einnahme, beim Käufer
eine Ausgabe entsteht. ... In der VGR (wird) auf
die mit Leistungstransaktionen einhergehenden
Änderungen des Geldvermögens ... abgestellt", in
der wirtschaftsstatistischen Praxis jedoch auf
die Zahlungsvorgänge.

Die folgenden Posten eines Betriebes A des Unternehmens B
zählen nach dieser Abgrenzung zum wirtschaftlichen Umsatz:

	ja	nein
a) Erstellte und gelieferte Investitionsgüter für einen anderen Betrieb des Unternehmens B	☐	☐
b) Verkauf einer nicht mehr benötigten Produktionsstätte an einen Betrieb, der nicht zum Unternehmen B gehört	☐	☐
c) Selbsterstellte Anlagen	☐	☐
d) Erlöse aus dem Verkauf von Fremdprodukten	☐	☐

F 12.o4

A. Stobbe (Volkswirtschaftslehre I - Volkswirtschaftliches Rechnungswesen, 4. Auflage, Berlin, Heidelberg
und New York 1976, S. 12) unterscheidet "fünf Arten
ökonomischer Transaktionen:

1) Tausch Gut gegen Gut: Realtausch;

2) Übertragung (oder Transfer) eines Gutes. Sie bedeutet Übergang ohne Gegenleistung und heißt auch
Schenkung oder Realtransfer;

3) Tausch Gut gegen Forderung: Hauptsächlich Kauf beziehungsweise Verkauf;

4) Übertragung einer Forderung ohne Gegenleistung:
Schenkung oder Forderungstransfer. Bei der Übertragung von Geld spricht man auch von einer Trans-
ferzahlung;

5) Tausch Forderung gegen Forderung: Hauptsächlich
Kauf beziehungsweise Verkauf".

Nennen Sie zu den Transaktionsarten 1 bis 5 jeweils
ein Beispiel!

L 5.03

Zum wirtschaftlichen Umsatz zählt keine der Positionen a) bis d).

F 5.04

Ein Unternehmen A (mit wirtschaftlichem Schwerpunkt im Produzierenden Gewerbe) besteht aus drei Betrieben, die wie folgt beschrieben werden können:

Betrieb 1 : 543 Beschäftigte
             Wirtschaftlicher Schwerpunkt im Produzierenden Gewerbe
Betrieb 2 : 48 Beschäftigte
             Wirtschaftlicher Schwerpunkt im Großhandel

L 12,04

Beispiele zu:

1) Deputate etwa im Kohlenbergbau, im Verkehrswesen oder in der Landwirtschaft;
2) Lieferung von Hilfsgütern in Katastrophengebiete, Naturalleistungen im Rahmen der Sozialhilfe;
3) Kauf eines Gutes gegen Barzahlung, Kauf eines Gutes gegen Ratenzahlung;
4) Zahlung von Steuern, Sozialversicherungsleistungen, Beamtenpensionen, Formen der Entwicklungshilfe.
5) Kauf von Aktien, Obligationen, Pfandbriefen u. a.

Hinweis:

Zur vollständigen Beschreibung einer ökonomischen Transaktion sind vier Buchungen erforderlich, da zwei Ströme und zwei beteiligte Wirtschaftssubjekte zu unterscheiden sind.

Betrieb 3 : 17 Beschäftigte
          Wirtschaftlicher Schwerpunkt im Produ-
          zierenden Gewerbe

Die drei Betriebe verzeichnen im Dezember 1975 (fiktive
Werte in Mio DM) die folgenden Umsätze:

Betrieb 1 : 1o4o, davon 24o an Betrieb 2
Betrieb 2 : 28o
Betrieb 3 : 4o, davon 3o an Betrieb 1

Im monatlichen Industriebericht würden die Umsätze für
den Dezember 1975 in folgender Höhe nachgewiesen:

	richtig	falsch
1) 136o Mio DM	☐	☐
2) 81o Mio DM	☐	☐
3) 1o9o Mio DM	☐	☐

F 12,o5

Ein inländisches Unternehmen A liefert (fiktive Zahlen)
an das inländische Unternehmen B am 3. 11. 1976
15 Bohrmaschinen zum Gesamtpreis von DM 15o.ooo; Zah-
lungsziel 4 Wochen, Skonto 2%. Das Unternehmen B zahlt
am 3o. 11. 1976 den Kaufpreis unter Abzug von 2 % Skonto.

Wie wird dieser Vorgang kontenmäßig

a) in der (betriebswirtschaftlichen) Buchhaltung des
   Unternehmens A erfaßt und

b) in der Volkswirtschaftlichen Gesamtrechnung für
   die Bundesrepublik Deutschland 1976 nachgewiesen?

L 5.o4

Richtig ist Lösung 2) 81o Mio. DM

Hinweis:

Der monatliche Industriebericht geht grundsätzlich
von Betrieben aus. Dabei wird das 'Unternehmenskonzept' zugrunde gelegt, d. h. es werden alle Betriebe von Unternehmen mit 2o und mehr Beschäftigten erfaßt, sofern der wirtschaftliche Schwerpunkt
des Betriebes im Produzierenden Gewerbe liegt. Das
bedeutet, daß die Beschäftigtenzahl des Betriebes
kein Kriterium für die Erfassung oder die Nichterfassung ist.

Im vorliegenden Fall wird der Betrieb 2 nicht betrachtet, da der wirtschaftliche Schwerpunkt des
Betriebes 2 nicht im Produzierenden Gewerbe liegt.

Die Abschneidegrenze (2o und mehr Beschäftigte)
wird, da das 'Unternehmenskonzept' benutzt wird,
nicht auf Einzelbetriebe angewandt.

L 12.o5

a) In der betriebswirtschaftlichen Buchhaltung erfolgt
eine einseitige, doppelte Verbuchung des realen und
monetären Stroms. Buchung am 3. 11. 1976: Kundenforderungen an Warenverkauf 15o.ooo DM. Buchung am
3o. 11. 1976: Kasse an Kundenforderungen 147.ooo DM
und Kundenskonti an Kundenforderung 3.ooo DM.

b) In der Volkswirtschaftlichen Gesamtrechnung wird nur
der monetäre Strom nachgewiesen (zweiseitige, doppelte Verbuchung), und zwar i. d. R. zum Zeitpunkt der
Entstehung einer Forderung bzw. Verbindlichkeit, aus
praktischen Gründen aber häufig (etwa in der Finanz-
und Umsatzstatistik) zum Zeitpunkt des Zahlungsein-
gangs bzw. Zahlungsausgangs.
Erfassung: 15o.ooo DM ./. 3.ooo DM, 2. Halbjahr 1976;
Passivseite (Zahlungseingang) des Produktionskontos
der Produktionsunternehmen;
Aktiva (Zahlungsausgang) Vermögensänderungskonto der
Produktionsunternehmen (es handelt sich um Investitionsgüter).

F 5.o5

Grenzen Sie die Begriffe 'Nachfrage von Inländern'
und 'im Inland wirksame Nachfrage' gegeneinander ab!

F 12.o6

Stellen Sie die folgenden wirtschaftlichen Vorgänge in

a) Kontenform   c) Matrixform
b) Kreislaufform   d) Gleichungsform

dar:

1) Die Unternehmen (U) zahlen in der abgelaufenen
   Periode an die privaten Haushalte (H) Löhne und Gehälter (Y) in Höhe von 1oo Mio. DM,
2) Die privaten Haushalte (H) kaufen von den Unternehmen (U) Konsumgüter (C) in Höhe von 8o Mio. DM und
   sparen (S) 2o Mio. DM,
3) Die Unternehmen (U) nehmen Investitionen (I) in
   Höhe von 3o Mio. DM vor,
4) Die Unternehmen (U) weisen Abschreibungen (A) in
   Höhe von 1o Mio. DM aus.

L 5.o5

Die 'Nachfrage von Inländern' setzt sich zusammen aus
Inlandsaufträgen und Importaufträgen (welche bei der
Statistik der Auftragseingänge nicht erfaßt werden).

Die 'im Inland wirksame Nachfrage' besteht aus dem Ge-
samtwert der Auftragseingänge aus dem Inland und dem
Ausland.

F 5.o6

Von den in den Klammern aufgeführten Behauptungen ist
jeweils die falsche zu streichen!

Die Auftragseingangsstatistik wird in der Bundesrepublik Deutschland (für die gesamte Industrie / in
ausgewählten Industriezweigen) seit Ende 1949 durchgeführt.

L 12.o6

Hinweis:

Zur Darstellung der Investitionstätigkeit und ihrer
Finanzierung wird ein (fiktiver) Sektor "Vermögens-
bildung" (V) gebildet.

a)

U				H				V			
Y	1oo	C	8o	C	8o	Y	1oo	I	3o	S	2o
A	1o	I	3o	S	2o					A	1o
	11o		11o		1oo		1oo		3o		3o

b) Y: Y=C+I   Entstehungsgleichung

    H: Y=C+S   Verwendungsgleichung

    V: I=S   Vermögensänderungsgleichung

c)

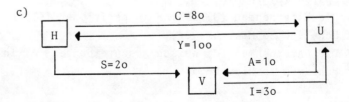

160

Die Auftragseingänge sind definiert als Wert (ohne Mehrwertsteuer / einschließlich Mehrwertsteuer) der vom
meldenden Betrieb (insgesamt erhaltenen / insgesamt
akzeptierten und bestätigten) Aufträge von anderen Betrieben, Unternehmen oder sonstigen Kunden.

Bei den Meldungen sind
- Lagerbestände in die Auftragseingänge (einzubeziehen /
  nicht einzubeziehen),
- unternehmensinterne Bestellungen in die Auftragseingänge (einzubeziehen / nicht einzubeziehen),
- Aufträge auf Lieferung von Handelsware in die Auftragseingänge (einzubeziehen / nicht einzubeziehen).

Annullierungen von Aufträgen sind (von den Auftragseingängen abzusetzen / getrennt zu melden).

---

d)

	U	H	V	Σ
U	-	1oo	1o	11o
H	8o	-	2o	1oo
V	3o	-	-	3o
Σ	11o	1oo	3o	24o

F 12.o7

In den Volkswirtschaftlichen Gesamtrechnungen (für die
Bundesrepublik Deutschland) wird unterschieden zwischen:

a) Bruttoprodukt und Nettoprodukt,
b) Inlands- und Inländerprodukt,
c) Produkt zu Marktpreisen und Produkt zu Faktorkosten.

Wodurch unterscheiden sich die jeweiligen Abgrenzungen?

L 5.o6

Zu streichen sind die Begriffe:

für die gesamte Industrie - einschließlich Mehrwertsteuer - insgesamt erhaltenen - nicht einzubeziehen -
einzubeziehen - einzubeziehen - von den Auftragseingängen abzusetzen

Literatur: ERHARD, U.: Neuberechnung des Index des
Auftragseingangs in der Industrie auf der
Basis 197o, in: Wirtschaft und Statistik
3/1972, S. 151 - 154.

L 12.o7

a) Brutto- und Nettoprodukte unterscheiden sich durch
die (linearen, zu Wiederbeschaffungspreisen bewerte-
ten) Abschreibungen: Bruttoprodukt ./. Abschreibungen = Nettoprodukt.

b) Man gelangt vom Inlandsprodukt zum Inländerprodukt
(bzw. Sozialprodukt) wie folgt: Inlandsprodukt (in
der Inlandsproduktion entstandenes Einkommen von Inländern und Ausländern) ./. in der Inlandsproduktion
entstandenes Einkommen von Ausländern + in der Auslandsproduktion entstandenes Einkommen von Inländern. Das Inländerprodukt bzw. das Sozialprodukt umfaßt das den Inländern aus dem Inland und aus dem
Ausland zufließende Einkommen.

c) Mit der Unterscheidung von Marktpreiskonzept und
Faktorpreiskonzept wird der Umverteilungstätigkeit
des Staates wie folgt Rechnung getragen: Produkt zu
Marktpreisen bewertet ./. indirekte Steuern + Subventionen = Produkt zu Faktorkosten bewertet.

Das Bundeswirtschaftsministerium (Quelle: Kapital
1o/1975, S. 259) veröffentlichte in den Monaten März
bis Juni 1975 die folgenden Zahlen über den Indexstand
des 'Index des Auftragseingangs in der verarbeitenden
Industrie' (Volumenindex, 197o = 1oo) für den Monat
Januar 1975:

Meldung am	7. 3. 75	4. 4. 75	7. 5. 75	5. 6. 75
Indexstand	122	132	132,1	131,8

a) Berechnen Sie den relativen Fehler der ersten und
   der letzten Meldung!

b) Berechnen Sie den relativen Fehler der Wachstumsrate
   (Veränderungsrate im Vorjahresvergleich) der ersten
   und der letzten Meldung (Indexstand Januar 1974:
   135,7)!

c) Welche Gründe können für die Abweichung zwischen der
   ersten und der letzten Meldung angeführt werden?

F 12.o8

Ergänzen Sie in den Kästen a) bis e) die fehlenden
Begriffe (mit entsprechenden Vorzeichen):

INLÄNDERKONZEPT

Bruttosozialprodukt zu Marktpreisen

a) [   ]

= Nettosozialprodukt zu Marktpreisen

b) [   ]

= Nettosozialprodukt zu Faktorkosten

c) [   ]

= Nettoinlandsprodukt zu Faktorkosten

d) [   ]

= Nettoinlandsprodukt zu Marktpreisen

e) [   ]

= Bruttoinlandsprodukt zu Marktpreisen

INLANDSKONZEPT

L 5.07

a) $(131,8 - 122) \cdot 100 / 122 = 8,03$ %

b) Die Wachstumsrate der ersten Meldung:
$(122 - 135,7) \cdot 100 / 135,7 = -10,10$ %
Die Wachstumsrate der letzten Meldung:
$(131,8 - 135,7) \cdot 100 / 135,7 = -2,87$ %
Der relative Fehler der Wachstumsrate beträgt:
$(-2,87 + 10,10) \cdot 100 / -10,10 = -71,58$ %

c) Als Gründe können z. B. angeführt werden:
Fehlende Meldungen zum Jahresende oder Hochrechnungs-
verfahren vom cut-off 25 und mehr Beschäftigte auf
das cut-off-Verfahren von 10 und mehr Beschäftigte.

L 12.08

Es sind die folgenden Begriffe (Vorzeichen!) einzusetzen:

a) ./. Abschreibungen

b) + Subventionen, ./. indirekte Steuern

c) + in der Inlandsproduktion entstandenes Einkommen
von Ausländern, ./. in der Auslandsproduktion entstandenes Einkommen von Inländern

d) ./. Subventionen, + indirekte Steuern

e) + Abschreibungen.

F 12.09

Nehmen Sie Stellung zu den folgenden Behauptungen:

	richtig	falsch
a) Die Bezeichnung "Sozialprodukt" bezieht sich immer auf das In-länderkonzept.		

Gegeben sind die Wachstumsraten (für die Jahre 1963 bis 1973) des Index der industriellen Nettoproduktion (1970 = 1oo) und des Anteils des Auftragseingangs am Umsatz.

Jahr	Auftragseingang zu Umsatz (Wachstumsraten)	Index der industriellen Nettoproduktion (Wachstumsraten)
1963	2,1	3,o
1964	2,6	9,6
1965	-1,6	5,6
1966	-3,5	1,4
1967	2,9	-2,9
1968	7,3	9,6
1969	3,4	13,o
197o	-7,4	6,3
1971	-3,4	1,6
1972	1,6	3,6
1973	4,1	6,8

Stellen Sie die Zeitreihen auf einem gesonderten Blatt in einem Koordinatensystem graphisch dar und interpretieren Sie den Verlauf der beiden Zeitreihen!

	richtig	falsch

b) Brutto- und Nettoprodukte (zu Marktpreisen) unterscheiden sich durch die indirekten Steuern.

c) Das Nettosozialprodukt zu Faktorkosten und das Nettoinlandsprodukt zu Faktorkosten unterscheiden sich durch den Saldo der (Erwerbs- und Vermögens-)Einkommen zwischen Inländern und der übrigen Welt.

d) Unabhängig vom Marktpreis- oder Faktorpreiskonzept ergibt das Bruttoinlandsprodukt abzüglich Abschreibungen das Nettoinlandsprodukt.

e) Das Nettosozialprodukt zu Faktorkosten wird auch als Wertschöpfung bezeichnet.

f) Nettosozialprodukt zu Marktpreisen plus Subventionen ergibt das Nettoinlandsprodukt zu Marktpreisen.

165

L 5,08

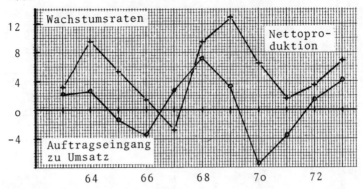

Beide Reihen zeigen einen deutlichen 4- bis 5-Jahres-
zyklus, wobei ein Wendepunktvergleich auf einen durchschnittlichen Vorlauf von einem Jahr des Anteils des
Auftragseingangs zu Umsatz hinweist. Das Niveau beider Reihen unterscheidet sich deutlich: der Mittelwert
der Wachstumsraten beträgt 5,24 (Produktion) und 0,74
(Auftragseingang). Die Amplituden beider Reihen sind
annähernd gleich: die Streuungen lauten 18,54 (Produktion) und 16,88 (Auftragseingang).

L 12,09

Richtig: a), c), d); Falsch: sonst.

F 12.10

Für ein Unternehmen sind die folgenden Größen (fiktive
Werte in 1000 DM) gegeben:

1)	Verbrauch von Rohstoffen	400
2)	Verkäufe (wirtschaftlicher Umsatz)	1200
3)	Abschreibungen	100
4)	Löhne und Gehälter	500
5)	Indirekte Steuern ./. Subventionen	30
6)	Sonstige Vorleistungen	60
7)	Einkäufe von Rohstoffen	665
8)	Zinsen (gezahlt)	50
9)	Bestandserhöhung an Halb- u. Fertigwaren	80
10)	Einkäufe von Anlagen	35
11)	Gewinn	220
12)	Selbsterstellte Anlagen	120
13)	Pacht bzw. Miete (gezahlt)	40

Verbuchen Sie die Größen auf den folgenden Produktionskonten! Berechnen Sie im Rahmen der (Einkommens-) Entstehungsrechnung den Beitrag des Unternehmens zur Wertschöpfung nach:

166

Ordnen Sie die folgenden Erläuterungen jeweils dem
Index des Auftragseingangs (AE) und dem Index des
Auftragsbestandes (AB) zu:

a1) Wertindex

a2) Wertindex und Volumenindex

b1) Gewichtung mit Auftragseingängen des Basisjahres

b2) Gewichtung mit Umsätzen des Basisjahres

c1) seit 1949 erhoben

c2) seit 197o erhoben

d1) ausgewählte Industrieunternehmen

d2) ausgewählte Industriebetriebe

---

a) der Differenzmethode (indirekte Methode),
b) der Additionsmethode (direkte Methode) und
c) der Saldiermethode!

Produktionskonto ("Verbrauchsversion")	

Produktionskonto ("Einkaufsversion")	

L 5.o9

(AE): a2), b1), c1), d2);   (AB): a1), b2), c2), d1).

Hinweis:

U. ERHARD (Zur Aussage des Index über den Auftragsbestand in der Industrie, in: Wirtschaft und Statistik
1o.1971, S. 606-6o8) schreibt:..."die Beziehungszahl
'Auftragseingang in % des Umsatzes'... wurde bisher
mangels eines besser geeigneten Instrumentes dazu
verwendet, die Veränderung der Auftragsbestände in
der Industrie zu beurteilen. ... Bei der globalen Be-
urteilung der Veränderung des Auftragsbestandes mit
Hilfe der Relation (Auftragseingang in % des Umsatzes)
besteht die Gefahr, Proportionalität zwischen der
Höhe der Relation und der Änderung des Auftragsbestandes zu unterstellen, d. h. etwa von einer be-
trächtlich über dem Wert 1oo liegenden Relation auf
eine große absolute und/oder relative Zunahme des
Auftragsbestandes zu schließen. Diese Proportionalität besteht jedoch nicht. ... Die Auftragsbestandsstatistik richtet sich an die Unternehmen, also an
die Erhebungseinheit, die über marktbezogene Daten
schnell und vergleichsweise exakt Auskunft geben
kann. ... Als einziger Nachteil der Auftragsbestandsstatistik ist die im Vergleich (zur Auftragseingangsstatistik) geringere Repräsentation zu nennen."

L 12.1o

Produktionskonto ("Verbrauchsversion")			
Verbr.v.Rohstoffen	4oo	Verkäufe	12oo
Sonst.Vorleistungen	6o	Bestandserhöhungen	
Abschreibungen	1oo	an H.-u.Fertigwaren	8o
Ind. St../. Subvent.	3o	Selbsterstellte	
Löhne u. Gehälter	5oo	Anlagen	12o
Pacht bzw. Miete	4o		
Zinsen	5o		
Gewinn	22o		
Bruttoproduktions-wert	14oo	Bruttoproduktions-wert	14oo

Produktionskonto ("Einkaufsversion")			
Eink.v.Rohstoffen	665	Verkäufe	12oo
Eink.v.Anlagen	35	Bestandserhöhungen	
Sonst.Vorleistungen	6o	-an H.-u.F.waren	8o
Ind.St../.Subvent.	3o	-an Rohstoffen	265
Löhne u. Gehälter	5oo	-an Anlagen (ge-	
Pacht bzw. Miete	4o	kauft u. selbst-	
Zinsen	5o	erstellt) ./.	
Gewinn	22o	Abschreibungen	55
Summe	16oo	Summe	16oo

6. ERWERBSTÄTIGEN-, BESCHÄFTIGTEN- UND ARBEITSLOSEN-ENTWICKLUNG

```
F  6.o1
```

Bei der statistischen Erfassung der Erwerbstätigkeit bzw. der menschlichen Arbeitsleistung lassen sich in der Bundesrepublik Deutschland drei unterschiedliche Erhebungswege unterscheiden:

a) Befragung von Einzelpersonen (Erwerbstätigkeit)
b) Direkte Befragung von Betrieben (Beschäftigung)
c) Indirekte Befragung von Betrieben durch Auswertung der Unterlagen der gesetzlichen Krankenkassen und der Rentenversicherungsträger (Beschäftigung)

Ordnen Sie die folgenden Erhebungen den Punkten a) bis c) zu:

1) Monatlicher Industriebericht
2) Zensus im Produzierenden Gewerbe
3) Beschäftigungsstatistik (neu)
4) Mikrozensus
5) Volkszählung
6) Arbeitsstättenzählung

Nach der Differenzmethode (indirekte Methode) berechnet sich die Wertschöpfung ausgehend vom Produktionskonto in der "Verbrauchsversion" wie folgt:

Bruttoproduktionswert	14oo
./. Vorleistungen (Verbrauch an Roh-, Hilfs- und Betriebsstoffen einschl. sonstige Vorleistungen)	46o
./. Abschreibungen	1oo
./. (Indirekte Steuern ./. Subventionen)	3o
= Wertschöpfung	81o

Nach der Additionsmethode (direkte Methode) errechnet sich die Wertschöpfung unter Abstellung auf das Produktionskonto in der "Verbrauchsversion" als Summe aller gezahlten Einkommen:

Löhne und Gehälter	5oo
+ Pacht bzw. Miete	4o
+ Zinsen	5o
+ Gewinn	22o
= Wertschöpfung	81o

Bei der Ermittlung der Wertschöpfung im Rahmen der Saldiermethode wird das Produktionskonto in der "Ein-

(Forts. n. S.)

169

L 6.o1

a): 4), 5); b): 1), 2), 6); c): 3)

F 6.o2

Zur kurzfristigen Analyse der Erwerbstätigkeit bzw. der
Beschäftigung wird in der Regel auf die Ergebnisse der
folgenden Erhebungen zurückgegriffen:

a) Monatlicher Industriebericht (monatlich)
b) Beschäftigungsstatistik (neu; monatlich)
c) Mikrozensus (vierteljährlich)

Im folgenden werden Besonderheiten dieser drei Erhebungen angeführt.

Welche der Erhebungen a) bis c) sind im Einzelfall angesprochen?

---

kaufsversion" zugrunde gelegt. Die Bestandserhöhungen
werden auch als Bruttoinvestition bezeichnet. Nach Abzug der Abschreibungen ergibt sich die Nettoinvestition. Für die Wertschöpfung gilt:

	Verkäufe	12oo
+	Nettoinvestition	4oo
./.	Einkäufe	76o
./.	(Indirekte Steuern ./. Subventionen)	3o
=	Wertschöpfung	81o

F 12.11

Im Rahmen der Verteilungsrechnung wird das Volkseinkommen aufgegliedert in das Bruttoeinkommen aus unselbständiger Arbeit und in das Bruttoeinkommen aus
Unternehmertätigkeit und Vermögen. Für weitere Untersuchungen der Einkommensverteilungen wird gewöhnlich
neben der gesamtwirtschaftlichen 'Lohnquote' der Anteil der abhängig Beschäftigten an der Gesamtzahl der
Erwerbstätigen ('Arbeitnehmerquote') betrachtet. Berechnen Sie mit Hilfe der folgenden Zahlen für die
Bundesrepublik Deutschland (196o - 1975):

a) die 'Arbeitnehmerquote' und

b) die 'gesamtwirtschaftliche Lohnquote'.

1) Mit den sozialversicherungspflichtig beschäftigten Personen werden im Rahmen dieser Erhebung etwa 75 % aller Erwerbstätigen erfaßt. Nicht erfaßt werden u.a. die Selbständigen und die Beamten. Die entsprechenden Zahlen können u. a. als Basis bei der Berechnung von Arbeitslosenquoten und zur Analyse der Zahl der (gemeldeten) offenen Stellen benutzt werden.

2) Es werden alle gleichzeitig nebeneinander ausgeübten Tätigkeiten einer Person erfaßt. Die Stichprobenerhebung wird einmal jährlich mit einem Auswahlsatz von 1 % und dreimal jährlich mit einem Auswahlsatz von o,1 % durchgeführt. Ab 1976 wurde zu einem jährlichen Rhythmus mit einem Auswahlsatz von 1 % übergegangen (etwa 23oooo bis 62oooo Personen).

3) Im Rahmen dieser Erhebung werden etwa 55ooo Industriebetriebe mit (neuerdings) 2o und mehr Beschäftigten befragt, womit ca. 98 % aller Industriebeschäftigten erfaßt werden.

Stellen Sie die Ergebnisse (auf einem gesonderten Blatt) in einem Koordinatensystem graphisch dar und beurteilen Sie aufgrund der Ergebnisse die Berechnung der 'gesamtwirtschaftlichen Lohnquote'!

Jahr	Volkseinkommen	Bruttoeinkommen aus uns.Arbeit	Erwerbstätige	Beschäft. Arb.nehmer
	in Mrd. DM		in Mio., im Inland	
1960	235,7	142,8	26,1	2o,1
1961	258,o	16o,5	26,5	2o,6
1962	277,7	177,5	26,5	2o,9
1963	295,8	19o,4	26,6	21,1
1964	324,3	2o8,4	26,6	21,4
1965	355,3	23o,0	26,8	21,7
1966	377,1	247,6	26,7	21,7
1967	376,o	247,9	25,8	2o,9
1968	416,9	266,3	25,9	21,1
1969	46o,7	3oo,1	26,3	21,6
197o	529,2	353,2	26,6	22,2
1971	585,7	4oo,2	26,7	22,3
1972	639,2	439,2	26,6	22,4
1973	714,5	498,6	26,7	22,5
1974	766,6	546,7	26,2	22,1
1975	797,5	569,3	25,3	21,4

L 6.o2
   1): b); 2): c); 3): a).

F 6.o3

Zur Erfassung der (erwerbs-)tätigen Bevölkerung kann
von unterschiedlichen Konzepten ausgegangen werden:

1) Potentialkonzept (Arbeitskräftepotential)
2) Unterhaltskonzept
3) Erwerbskonzept
4) Labour-Force-Konzept
5) Hauptberufskonzept

Bei den jeweiligen Konzepten zählen zur tätigen Bevölkerung (Erwerbspersonen):

L 12.11

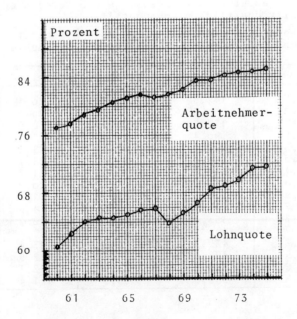

a) alle Personen mit Wohnsitz in der Bundesrepublik
   Deutschland, die eine unmittelbar oder mittelbar
   auf Erwerb ausgerichtete Tätigkeit ausüben, wobei
   die Höhe des Ertrages und die Länge der Arbeitszeit keine Rolle spielen (Erwerbstätige und Erwerbslose).

b) alle im erwerbsfähigen Alter (i. d. R. 15 bis unter
   65 Jahre) stehenden Personen (Erwerbsbevölkerung).

c) alle Erwerbstätigen und Erwerbslosen, die im Berichtszeitraum mindestens ein Drittel der üblichen Arbeitszeit gearbeitet haben.

d) alle Personen, die ihren Lebensunterhalt überwiegend
   aus Erwerbs- und Berufstätigkeit bestreiten, und alle
   Lehrlinge, Anlernlinge, Volontäre und Praktikanten.

e) alle Personen, die ihren Lebensunterhalt überwiegend
   aus Erwerbs- und Berufstätigkeit bestreiten.

Ordnen Sie Zahlen und Buchstaben einander zu!

Die Arbeitnehmerquote stieg im betrachteten Zeitraum
von 77,0 auf 84,6%, d.h. um 9,9 %. Gleichzeitig ist
ein deutliches Ansteigen der Lohnquote von 60,6 auf
71,4% (d.h. um 17,8%) zu verzeichnen. Zur genaueren
Analyse bietet es sich an, die Änderung der Beschäfti-
gungsstruktur (Selbständige/Abhängig Beschäftigte) und
die Lohnquote gemeinsam zu betrachten, etwa in der
Form der bereinigten Lohnquote:

Bruttoeinkommen je abhängig Beschäftigten · 100
Volkseinkommen je Erwerbstätigen

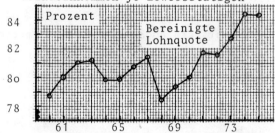

Literatur: STOBBE, A.: Volkswirtschaftslehre I (Volks-
           wirtschaftliches Rechnungswesen), 4. Aufl.,
           Berlin, Heidelberg, New York 1976, S. 275-276.

L 6.o3

1): b); 2): e); 3): a); 4): c); 5): d).

Hinweis:

   Nach den Ergebnissen der Volks- und Berufszählung
   vom 6. 6. 1961 betrugen für die Bundesrepublik
   Deutschland die Beschäftigten bzw. Erwerbstätigen
   (in Mio.) nach dem:

   1) Potentialkonzept   37,7
   2) Unterhaltskonzept   24,4
   3) Erwerbskonzept   26,8
   4) Labour-Force-Konzept   26,3
   5) Hauptberufskonzept   25,8

Literatur: ESENWEIN-ROTHE, I.: Allgemeine Wirtschafts-
           statistik, 2. Aufl., Wiesbaden 1969,
           S. 72 - 93.

F 12.12

Neben den Aspekten der Entstehungsrechnung und der Verteilungsrechnung liefern die Volkswirtschaftlichen Gesamtrechnungen für die Bundesrepublik Deutschland In-
formationen im Rahmen der Verwendungsrechnung.

a) Ergänzen Sie in der folgenden Übersicht die fehlenden Begriffe 1) bis 4).
b) Wie ist der Außenbeitrag definiert?
c) Wie wird der Staatsverbrauch statistisch ermittelt?

In der Übersicht auf der Seite 175 sind die Begriffe
- Bauinvestitionen,
- Verbrauch insgesamt,
- Lagerinvestitionen (Lagerveränderung) und
- Staatsverbrauch
einzusetzen!

Ergänzen Sie die folgende Übersicht, indem Sie die Begriffe 'Labour-Force-Konzept' und 'Unterhaltskonzept'
einsetzen!

Erwerbstätige nach dem Erwerbskonzept	Erwerbstätige nach dem ....
./. alle Erwerbstätige , die im Berichtszeitraum weniger als ein Drittel der üblichen Arbeitszeit gearbeitet haben	+ Zahl der Lehrlinge, Anlernlinge, Volontäre und Praktikanten
= Erwerbstätige nach dem	= Erwerbstätige nach dem Hauptberufskonzept

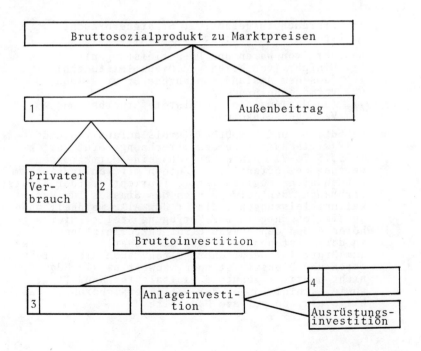

L 6.o4

links: Labour-Force-Konzept

rechts: Unterhaltskonzept

Hinweis:

Die Übersicht zeigt
- wie das Labour-Force-Konzept aus dem Erwerbskonzept und
- wie das Hauptberufs- aus dem Unterhaltskonzept
abgeleitet werden kann.

Das Hauptberufskonzept wird in der Bundesrepublik
Deutschland nicht mehr benutzt, da die Gruppe der
Lehrlinge, die ihren überwiegenden Lebensunterhalt
nicht aus ihrer Tätigkeit beziehen, nach diesem
Konzept zu den hauptberuflich Tätigen gezählt wer-
den.

L 12.12

a) 1: Verbrauch insgesamt; 2: Staatsverbrauch;
   3: Lagerinvestition; 4: Bauinvestition.

b) Ausfuhr (von Waren und Dienstleistungen)
   ./. Einfuhr (von Waren und Dienstleistungen)
   +   (aus dem Ausland)empfangene Erwerbs- und
       Vermögenseinkommen
   ./. (an das Ausland) geleistete Erwerbs- und
       Vermögenseinkommen.

c) CASSEL, D. und H. MÜLLER (Kreislaufanalyse und
   Volkswirtschaftliche Gesamtrechnung, Stuttgart
   1975, S.7o-71) schreiben: "Da eine Martkpreisbe-
   wertung bei öffentlichen Gütern mit wenigen Aus-
   nahmen nicht möglich ist, entspricht er (der Staatsverbrauch) den Aufwendungen des Staates für Verwaltungsleistungen , die er der Allgemeinheit ohne
   spezielles Entgelt zur Verfügung stellt. Hierzu gehören neben den Ausgaben für Faktorleistungen, die
   in der Entstehungsrechnung als staatlicher Beitrag
   zum Bruttoinlandsprodukt gelten, auch die Käufe von
   Waren und Dienstleistungen, soweit es sich dabei
   nicht um zivil genutzte Kapitalgüter handelt ...
   sowie Sachleistungen der Sozialversicherung, Sozialhilfe usw. an private Haushalte."

Im Rahmen der Volkszählung und des Mikrozensus werden
i. d. R. die folgenden Konzepte verwendet:

	ja	nein
a) Unterhaltskonzept	☐	☐
b) Labour-Force-Konzept	☐	☐
c) Potentialkonzept	☐	☐
d) Erwerbskonzept	☐	☐
e) Hauptberufskonzept	☐	☐

F 12.13

Nach den vorläufigen Ergebnissen der Volkswirtschaftlichen Gesamtrechnung für das Jahr 1975 (für die Bundesrepublik Deutschland) betrugen (in Mrd. DM, in laufenden Preisen):

- das Bruttosozialprodukt zu Marktpreisen   1o4o,4
- der Private Verbrauch   577,7
- der Staatsverbrauch   221,4
- die Abschreibungen   126,1
- die indirekten Steuern   134,o
- die Subventionen   14,o
- die Erwerbs- und Vermögenseinkommen (aus
  der Übrigen Welt erhalten)   14,1
- die Erwerbs- u. Vermögenseinkommen (an
  die Übrige Welt gezahlt)   15,9
- der Außenbeitrag   24,8

Berechnen Sie:

a) die Bruttoinvestition,
b) das Nettosozialprodukt zu Marktpreisen,
c) die Wertschöpfung,
d) das Volkseinkommen,
e) die Nettoinvestition,
f) das Bruttoinlandsprodukt zu Marktpreisen!

L   6.o5

ja bei a) und d).

F   6.o6

Die folgende Übersicht faßt Ergebnisse der im Rahmen
des Mikrozensus im Mai 1975 durchgeführten o,5 % -igen
Arbeitskräftestichprobe der EG zusammen (Zahlen in Tsd;
ohne Erwerbspersonen unter 15 Jahren).

Wie läßt sich begründen, daß i. d. R. die folgenden Un-
gleichungen gelten:

1a) $>$ A)   1b) $>$ B)   2) $<$ C)+D)   ?

L   12.13

a): 216,5; b); 914,3; c): 916,1; d): 794,3;
e): 9o,4; f): 1o42,2.

F   12.14

In der erweiterten Sektorengliederung der Volkswirtschaftlichen Gesamtrechnungen für die Bundesrepublik
Deutschland werden die folgenden Sektoren unterschieden:

1. Produktionsunternehmen
2. Kreditinstitute   } Unternehmen
3. Versicherungsunternehmen
4. Gebietskörperschaften   } Staat
5. Sozialversicherung
6. Private Haushalte
7. Priv. Org. ohne Erwerbs-   } Priv. Haushalte
   charakter

Für jeden Sektor werden grundsätzlich die folgenden
Konten geführt:

178

Wohnbevölkerung 61886	
Erwerbskonzept	**Unterhaltskonzept**

1) Erwerbspersonen
  a) Erwerbstätige   25960
  b) Erwerbslose   918
2) Nichterwerbs-
    personen   35008
	Personen mit überwiegendem Unterhalt aus
	A) Erwerbstätigkeit 23903
	B) Arbeitslosengeld
	   oder -hilfe 604
	C) Sozialversiche-
	   rung, Rente, Pension,
	   Vermögen, sonstige
	   Quellen (Stipendien,
	   Alimente u. ä.) 10941
	D) Einkommen der An-
	   gehörigen 26438

A) Produktionskonto
B) Einkommensentstehungskonto
C) Einkommensverteilungskonto
D) Einkommensumverteilungskonto
E) Einkommensverwendungskonto
F) Vermögensänderungskonto
G) Finanzierungskonto

Das Gesamtsystem der Volkswirtschaftlichen Gesamtrechnungen wird geschlossen durch ein zusammengefaßtes Güterkonto und ein zusammengefaßtes Konto für die Übrige Welt.

a) Welche Salden erscheinen auf den Konten der Gruppen A) bis F)?

b) Auf welchen Konten werden die folgenden Vorgänge verbucht:

   1) Zahlung von Erbschaftssteuer durch die Privaten Haushalte,

   2) Geldüberweisungen von Gastarbeitern in der Bundesrepublik Deutschland in ihre Heimatländer?

L 6.o6

Das Unterhaltskonzept ergibt relativ niedrige Zahlen
der Erwerbstätigkeit, da zu den 'tätigen' Personen nur
diejenigen Personen zählen, die ihren überwiegenden
Unterhalt aus Erwerbstätigkeit beziehen (i. d. R. feh-
len 'tätige' Rentner, Angehörige, Jugendliche, deren
Entgelt für den Lebensunterhalt nicht ausreicht). Nicht
alle Erwerbslosen bestreiten ihren Lebensunterhalt aus
Arbeitslosengeld oder -hilfe (beachte: Erwerbslose sind
bei den Arbeitsämtern registrierte und andere arbeits-
suchende Personen).

F 6.o7

Im Rahmen des Erwerbskonzeptes werden die Erwerbstätigen nach ihrer Stellung im Beruf wie folgt eingeteilt:

L 12.14

a): Bruttoinlandsprodukt zu Marktpreisen, Wertschöpfung, Volkseinkommen, Verfügbares Volkseinkommen,
Ersparnis, Finanzierungsdefizit bzw. -überschuß.

b): 1) Linke Seite Vermögensänderungskonto Private
Haushalte, rechte Seite Vermögensänderungskonto Gebietskörperschaften
2) Linke Seite Einkommensumverteilungskonto Private Haushalte, rechte Seite Zusammengefaßtes
Konto der Übrigen Welt.

F 12.15

Nach den vorläufigen Ergebnissen der Volkswirtschaftlichen Gesamtrechnung für das Jahr 1975 (für die Bundesrepublik Deutschland) betrugen (in Mrd. DM, in laufenden Preisen):

1) Bruttoproduktionswert   2717,9
2) Einfuhr von Waren und Dienstleistungen   252,9
3) Vorleistungen   1672,4
4) Privater Verbrauch   580,2
5) Staatsverbrauch   221,2
6) Bruttoinvestition   217,0
7) Ausfuhr von Waren und Dienstleistungen   280,0

Selbständige + (unbezahlte) mithelfende Familienangehörige + abhängig Beschäftigte (Arbeiter, Angestellte,
Beamte) = Erwerbstätige

Die folgenden Personen rechnen in diesem Rahmen zu den
Erwerbstätigen:

	ja	nein
1) Mitglieder der Bundeswehr und des Bundesgrenzschutzes	☐	☐
2) Hausfrauen außerhalb der Land-wirtschaft	☐	☐
3) Mithelfende Familienangehörige außerhalb der Landwirtschaft	☐	☐
4) Mithelfende Familienangehörige (einschließlich Hausfrauen in der Landwirtschaft)	☐	☐
5) Lehrlinge, Anlernlinge, Volontäre, Praktikanten	☐	☐
6) Teilzeitbeschäftigte Hausfrauen und Studenten	☐	☐

---

8) Abschreibungen	126,1
9) Indirekte Steuern ./. Subventionen	12o,o
1o) Empfangene Erwerbs- und Vermögensein-kommen aus der Übrigen Welt	14,o
11) Geleistete Erwerbs- und Vermögensein-kommen an die Übrige Welt	15,9
12) Empfangene laufende Übertr. a.d.Übr.Welt	4,8
13) Geleistete laufende Übertr. a.d.Übr.Welt	21,3
14) Empfangene Vermögensübertr. a.d.Übr.Welt	o,1
15) Geleistete Vermögensübertr. a.d.Übr.Welt	1,o

Zeichnen Sie auf einem gesonderten Blatt je eines der
folgenden (konsolidierten) Konten auf:

Güterkonto, Produktionskonto, Einkommensentstehungskonto, Einkommensverteilungskonto, Einkommensumverteilungskonto, Einkommensverwendungskonto, Vermögensänderungskonto und Zusammengefaßtes Konto der Übrigen
Welt.

Tragen Sie die Angaben 1) bis 15) in diese Konten ein,
schließen Sie die Konten ab, indem Sie die jeweiligen
Salden benennen und übertragen!

L 6.o7

alle außer 2) zählen zu den Erwerbstätigen.

Hinweis:

"Die Einteilung nach der 'sozialen Stellung im Beruf' (ist) unzureichend. Der Hinweis, daß diese Einteilung in Deutschland seit 1875 verwendet wird,
spricht nur gegen sie; denn fast ein Jahrhundert
wirtschaftlicher Entwicklung kann auch an dieser
Einteilung nicht spurlos vorübergegangen sein. ...
Die Verteilung auf 'sozio-ökonomische Gruppen' soll
nach der Auffassung der Konferenz Europäischer
Statistiker drei Tatbestände kombinieren: die
Stellung im Beruf, den Beruf und den Wirtschafts-
zweig" (WAGENFÜHR, R.: Wirtschafts- und Sozialstatistik, Band 1, Freiburg 197o, S. 77 und 84).

L 12,15

Güterkonto		
1) Bruttoprod.wert 2717,9	3) Vorleistungen	1672,4
2) Einfuhr 252,9	4) Privater Verbr.	58o,2
	5) Staatsverbrauch	221,2
	6) Bruttoinvestit.	217,o
	7) Ausfuhr	28o,o
297o,8		297o,8

Produktionskonto	
3) Vorleistungen 1672,4	1) Bruttoprod.wert 2717,9
SALDO: Bruttoinl.-	
produkt z.Marktp. 1o45,5	
2717,9	2717,9

Einkommensentstehungskonto	
8) Abschreibungen 126,1	Saldoübertrag 1o45,5
9) Indirekte Steuern	
./. Subvent. 12o,o	
SALDO: Wertschöpfg. 799,4	
1o45,5	1o45,5

In der folgenden Matrix wird die Wohnbevölkerung nach
dem Erwerbs- und Unterhaltskonzept dargestellt.
Welche Matrixelemente müssen definitionsgemäß unbesetzt
bleiben?

Unterhaltskonzept	Erwerbskonzept		
Personen mit über-wiegendem Lebens-unterhalt aus	Erwerbs-tätige	Erwerbs-lose	Nichter-werbsper-sonen
Erwerbstätigkeit	A 1	A 2	A 3
Arbeitslosengeld oder -hilfe	B 1	B 2	B 3
Rente, Vermögen u. ä.	C 1	C 2	C 3
Einkommen der An-gehörigen	D 1	D 2	D 3

Einkommensverteilungskonto			
11) Einkommen an die Übr. Welt	15,9	Saldoübertrag	799,4
SALDO: Volkseinkom.	797,5	1o) Einkommen aus der Übr. Welt	14,o
	813,4		813,4

Einkommensumverteilungskonto			
13) Laufende Übertr. an die Übr. Welt	21,3	Saldoübertrag	797,5
		9) Indirekte St. ./. Subvent.	12o,o
SALDO: Verfügbares Volkseinkommen	9o1,o	12) Laufende Übertr. aus d. Übr. Welt	4,8
	922,3		922,3

Einkommensverwendungskonto			
4) Privater Verbr.	58o,2	Saldoübertrag	9o1,o
5) Staatsverbrauch	221,2		
SALDO: Ersparnis	99,6		
	9o1,o		9o1,o

(Forts, n. S.)

L 6.08

A 2, A 3, B 3.

Hinweis:

"Die Unterteilung der Wirtschaftsbevölkerung in
Erwerbstätige, Erwerbslose und Nichterwerbsperso-
nen läßt kaum Rückschlüsse auf die Einkommens-
und Unterhaltsquellen zu. Daher wurde für den
Mikrozensus sowie für die Volkszählungen 1961 und
197o zusätzlich eine Gliederung der Bevölkerung
nach dem sogenannten Unterhaltskonzept geschaffen.
Mit Hilfe dieser Gliederung soll festgestellt werden, wer überwiegend vom unmittelbaren Einkommen
aus Erwerbstätigkeit und wer vom übertragenen Einkommen lebt.

Kombiniert man beide Konzepte und vergleicht die
Ergebnisse zweier Zählungen miteinander, so lassen
sich Anhaltspunkte über die Mobilität der Erwerbstätigen gewinnen" (KUCHENBECKER, H.: Grundzüge
der Wirtschaftsstatistik, 2. Aufl., Herne und
Berlin 1973, S. 36 - 37).

Vermögensänderungskonto			
6) Bruttoinvestit.	217,o	Saldoübertrag	99,6
15) Vermögensübertrg.		8) Abschreibungen	126,1
an d. Übr. Welt	1,o	14) Vermögensübertrg.	
SALDO: Finanzierungs-		aus d. Übr. Welt	o,1
übersch. d. Inlandes	7,8		
	225,8		225,8

Übrige Welt			
7) Ausfuhr	280,o	2) Einfuhr	252,9
1o) Einkommen aus		11) Einkommen an	
der Übr. Welt	14,o	die Übr. Welt	15,9
12) Laufende Übertr.		13) Laufende Übertr.	
aus d. Übr. Welt	4,8	an die Übr. Welt	21,3
14) Vermögensübertrg.		15) Vermögensübertrg.	
aus d. Übr. Welt	o,1	an die Übr. Welt	1,o
		Saldoübertrag	7,8
	298,9		298,9

Literatur: ABELS, H.: Wirtschaftsstatistik, Opladen
1976, S. 1o7-1o8.

F 6.o9

Die inländischen Erwerbspersonen (Deutsche und Ausländer) können nach dem Inländerkonzept und dem Inlandskonzept abgegrenzt werden.

Wodurch unterscheiden sich die beiden Konzepte?

F 12.16

Es wird davon ausgegangen, daß die Zahlenangaben aus
F 12.15 in Kontenform dargestellt worden sind.

a) Fassen Sie die angeführten Zahlenangaben in der
Form der Matrixnotation zusammen, indem Sie die
benutzten Konten in den jeweiligen Zeilen und
Spalten (in der vorgegebenen Reihenfolge) anordnen!

b) Welche Vorteile der Matrixnotation (gegenüber der
Verbuchung in Konten) können angeführt werden?

L 6.o9

Inländerkonzept = Wohnortkonzept
Inlandskonzept   = Beschäftigungsortkonzept

<u>Beachte:</u> Zu den Erwerbspersonen nach dem Inländerkon-
zept zählen auch alle Personen, die als Grenz-
gänger (Pendler) im Ausland oder bei ausländischen Vertretungen bzw. bei ausländischen
Streitkräften im Inland beschäftigt sind.

L 12,16

a)

Ein Aus	0	1	2	3	4	5	6	7	Summe
0	-	2717,9	-	-	-	-	-	252,9	297o,8
1	1672,4	-	1o45,5	-	-	-	-	-	2717,9
2	-	-	-	799,4	12o,o	-	126,1	-	1o45,5
3	-	-	-	-	797,5	-	-	15,9	813,4
4	-	-	-	-	-	9o1,o	-	21,3	922,3
5	580,2 221,2	-	-	-	-	-	99,6	-	9o1,o
6	217,o	-	-	-	-	-	-	8,8	225,8
7	28o,o	-	-	14,o	4,8	-	o,1	-	298,9
Summe	297o,8	2717,9	1o45,5	813,4	922,3	9o1,o	225,8	298,9	-

<u>Es bezeichnen:</u> 0 = Güterkonto, 1 = Produktionskonto,
2 = Einkommensentstehungskonto, 3 = Einkommensverteilungskonto, 4 = Einkommensumverteilungskonto,
5 = Einkommensverwendungskonto, 6 = Vermögensänderungskonto und 7 = Übrige Welt.

b) Die Darstellung ist übersichtlicher, da lediglich eine
einfache (und nicht eine doppelte) Erfassung (Verbuchung) erfolgt. Eine Auswertung kann mit Hilfe der
Verfahren der Matrizenrechnung vorgenommen werden.

186

F 6.1o

Von welcher der folgenden Definitionen wird bei der
Erstellung der Arbeitslosenstatistik durch die Bundesanstalt für Arbeit ausgegangen? Zu den Arbeitslosen zählen alle Personen, die älter als 14 Jahre sind
und:

1) Arbeitslosengeld bzw. -hilfe erhalten.

2) (nach dem Erwerbskonzept) erwerbslos sind und Arbeitslosengeld bzw. -hilfe erhalten, bzw. durch
   Angehörige unterstützt werden.

3) nicht oder nur geringfügig (unter 2o Stunden in der
   Woche) arbeiten und über die Arbeitsvermittlung der
   Arbeitsämter eine nicht geringfügige Arbeit (nicht
   in einem bestimmten Betriebe, über 2o Stunden in
   der Woche, für länger als drei Monate) suchen.

4) arbeitslos sind und sich selbst um eine nicht geringfügige Beschäftigung (nicht in einem bestimmten
   Betrieb, über 2o Stunden in der Woche, für länger
   als drei Monate) bemühen.

F 12.17

Über den Wert des Bruttosozialproduktes (BSP) für 196o
(in laufenden Preisen) veröffentlichte das Statistische
Bundesamt für die Bundesrepublik Deutschland in 'Wirtschaft und Statistik' (WIST) und in der 'Fachserie N,
Reihe 3' (FSN) die folgenden Zahlen:

BSP in Mio. DM	Bezeichnung	Quelle
2758oo	Erstes vorläuf.Ergebnis	WIST 1/1961
2766oo	Vorläufiges Ergebnis	WIST 9/1961
2777oo	Vorläufiges Ergebnis	WIST 1/1962
2798oo	Revidiertes Ergebnis	WIST 1o/1963
2847oo	Endgültiges Ergebnis	WIST 2/197o
3o23oo	Endgültiges Ergebnis	FSN 1/1972

a) Berechnen Sie den relativen Fehler zwischen der
   ersten und der letzten Meldung!

b) Berechnen Sie den relativen Fehler der Wachstumsraten der ersten und der vorletzten Meldung (der
   endgültige Wert des BSP für 1959 beträgt 254900)!

c) Welche Gründe sind für die häufigen Revisionen
   primär anzuführen?

L 6.1o

3).

Hinweis:

  Das Arbeitsförderungsgesetz (AFG, vom 25. Juni 1969,
  BGBl. I S. 582) definiert in § 1o1 (Begriff: Arbeitslosigkeit): "(1) Arbeitslos im Sinne dieses Gesetzes
  ist ein Arbeitnehmer, der vorübergehend nicht in
  einem Beschäftigungsverhältnis steht oder nur eine
  geringfügige Beschäftigung ausübt. Der Arbeitnehmer
  ist jedoch nicht arbeitslos, wenn er
  1. eine Tätigkeit als mithelfender Familienangehöri-
     ger oder Selbständiger ausübt, die die Grenze des
     § 1o2 überschreitet, oder
  2. mehrere geringfügige Beschäftigungen oder Tätig-
     keiten entsprechenden Umfanges ausübt, die zusam-
     men die Grenze des § 1o2 überschreiten. (2) Arbeit-
     nehmer im Sinn der Vorschriften dieses Abschnittes
     sind auch die im Rahmen betrieblicher Berufsbildung
     Beschäftigten und die Heimarbeiter (...)." Der § 1o2
     umschreibt den Begriff der geringfügigen Beschäfti-
     gung wie folgt: "Geringfügig im Sinne des § 1o1
     Abs. 1 ist eine Beschäftigung, die auf weniger als
     2o Stunden wöchentlich der Natur der Sache nach be-
     schränkt zu sein pflegt oder im voraus durch einen
     Arbeitsvertrag beschränkt ist ... ."

L 12.17

  a): 9,6%; b): 42,7%.
  c): Die Revisionen der (ersten) vorläufigen Schätzungen
     erfolgen regelmäßig zu Beginn und im September/
     Oktober eines jeden Jahres und berücksichtigen
     zwischenzeitlich angefallene zusätzliche Informa-
     tionen (im Beispiel die ersten vier Zahlenangaben).
     Daneben erfolgen in unregelmäßigen Abständen um-
     fassendere Revisionen aufgrund von Neuabgrenzungen,
     Umdefinitionen u. ä. So bezieht sich etwa der vor-
     letzte Zahlenwert auf den Gebietsstand der Bundes-
     republik Deutschland ohne (der letzte Wert ein-
     schließlich) Saarland und Berlin.

F 12.18

  In der folgenden Tabelle sind für die Jahre 1951 bis
  1975 die Wachstumsraten des realen (BSPR) und des
  nominalen (BSPN) Bruttosozialprodukts zu Marktpreisen
  gegeben. Stellen Sie die Zahlen im vorgegebenen Koordinatensystem graphisch dar und interpretieren Sie
  das Ergebnis!

Jahre	1951	1952	1953	1954	1955	1956	1957	1958	1959
BSPN	22,3	14,2	7,8	7,4	14,4	1o,5	9,o	7,2	8,8
BSPR	1o,4	8,9	8,2	7,4	12,o	7,3	5,7	3,7	7,3

Welche Unterschiede bestehen zwischen den Begriffen
'Erwerbslose' und '(registrierte) Arbeitslose'?

Im Mai 1975 betrug die Zahl der Erwerbslosen (Bundes-
republik Deutschland, Inländerkonzept) 918000 und die
Zahl der registrierten Arbeitslosen 1017716 (Quelle:
Wirtschaft und Statistik 3/1976, S. 146).

	1960	1961	1962	1963	1964	1965	1966	1967	1968
BSPN	11,7	1o,o	8,3	6,6	9,6	9,4	6,6	1,o	9,o
BSPR	9,o	5,4	4,o	3,4	6,7	5,6	2,9	-o,2	7,3

	1969	1970	1971	1972	1973	1974	1975
BSPN	12,1	13,3	11,1	9,5	11,2	7,5	4,7
BSPR	8,2	5,8	3,o	3,4	5,1	o,5	-3,2

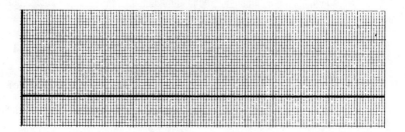

L 6.11

Zu den Erwerbslosen zählen alle Personen ohne Beschäftigung (Arbeitsverhältnis), wenn sie sich um eine Beschäftigung (Arbeitsstelle) bemühen. Dabei spielt die
Meldung beim Arbeitsamt keine Rolle. Allerdings werden
Arbeitslose, die geringfügig arbeiten (unter 2o Stunden
in der Woche) zu den Erwerbstätigen und nicht zu den Erwerbslosen gezählt.

Zur Definition der Arbeitslosen vgl. Aufg. F 6.1o.

L 12.18

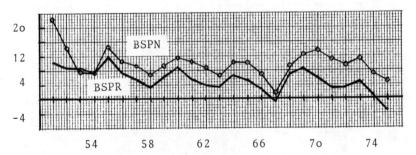

Die Wachstumsraten des nominalen BSP liegen i. d. R.
über denen des realen BSP (1953/54!). Die Reihe des
realen BSP weist einen fallenden Trend (!) auf. Die
Wendepunkte des Wachstumszyklus werden von beiden Reihen überwiegend gleich datiert: 2. Zyklus 1954-1958,
3. Zyklus 1958-1963, 4. Zyklus 1963-1967, 5. Zyklus
1967-1971/72, 6. Zyklus ab 1971/72.

Nach den Ergebnissen der im Rahmen des Mikrozensus
durchgeführten o,5 % - Arbeitskräftestichprobe der EG
betrug im Mai 1975 die Zahl (in Tsd.) der
- Erwerbstätigen 259oo
- abhängig Erwerbstätigen 22264 (darunter 2142 Beamte)
- Erwerbspersonen 26878
- Erwerbslose 918
Die Zahl der registrierten Arbeitslosen (in Tsd.,
Quelle: Wirtschaft und Statistik 3/1976, S. 146) betrug
1o18 und die Zahl der beschäftigten Arbeitnehmer (Durchschnitt aus den Stichtagen: 31. 3. 75 und 3o. 6. 75)
2o113.
1) Wie groß ist die in der Bundesrepublik Deutschland
   üblicherweise berechnete Arbeitslosenquote?
2) Ist es zweckmäßig, als Bezugsgröße auf die beschäftigten Arbeitnehmer zurückzugreifen?

Welche der folgenden Reihen (jeweils 1) oder 2)), in
denen die Größenordnungen von Makrogrößen der Volkswirtschaftlichen Gesamtrechnung für 1975 (jeweils in
Prozent der ersten Größe) angeführt sind, sind falsch?

a)

Bruttoinl.-pr.z.M.pr.	:	Bruttosoz.-pr.z.M.pr.	:	Nettosoz.-pr.z.F.ko.	:	Verf,E.d.Pr.Hh.
1) 1oo	:	1oo	:	76	:	66
2) 1oo	:	89	:	53	:	35

b)

Bruttosozial-pr.z.Marktpr.	:	Bruttoin-vestition	:	Außenbei-trag
1) 1oo	:	21	:	2
2) 1oo	:	53	:	11

c)

Bruttosozial-pr.z.Marktpr.	:	Privater Verbrauch	:	Staats-verbrauch
1) 1oo	:	56	:	21
2) 1oo	:	18	:	18

d)

Volksein-kommen	:	Bruttoeink.a.unselb.A.	:	Bruttoeink.Unt.u.Vermög.
1) 1oo	:	71	:	29
2) 1oo	:	38	:	62

L 6.12

1) registrierte Arbeitslose · 1oo / abhängige Erwerbstätige = 1o18 · 1oo / 22264 = 4,57 %
   oder auch:
   registrierte Arbeitslose · 1oo / abhängige Erwerbspersonen (abhängige Erwerbstätige + registrierte
   Arbeitslose) = 1o18 · 1oo / 22264 + 1o18 = 4,37 %

2) registrierte Arbeitslose · 1oo / beschäftigte Arbeitnehmer = 1o18 · 1oo /2o113 = 5,o6 %

Die Zahl der registrierten Arbeitslosen umfaßt grundsätzlich alle Personen, die für eine Vermittlung in
eine abhängige Beschäftigung durch das Arbeitsamt zur
Verfügung stehen. Die Beschäftigtenstatistik umfaßt
die sozialversicherungspflichtig beschäftigten Personen und damit u. a. nicht die Beamten, deren Arbeitsverhältnis i. d. R. nicht gekündigt werden kann.
Die Zahl der Beamten macht im wesentlichen den Unterschied zwischen den Erwerbstätigen und den beschäfti-
ten Arbeitnehmern aus. Demnach ist eine Abstellung
auf die beschäftigten Arbeitnehmer realistischer.

L 12.19

In allen Fällen ist 1) richtig,

Hinweis:

Vgl. zu diesen Relationen auch die absoluten
Werte, wie sie sich z.B. in Aufgabe F 12.15
finden.

F 12.2o

CASSEL, D. und MÜLLER, H.(Kreislaufanalyse und Volkswirtschaftliche Gesamtrechnung, Stuttgart 1975, S. 92-
93) fassen die Kritik an den Volkswirtschaftlichen Gesamtrechnungen, die sie als traditionelles System der
Leistungs- und Wohlfahrtsmessung ('BSP-Konzept')

In der Bundesrepublik Deutschland wird das wirt-
schaftspolitische Ziel 'Vollbeschäftigung' i. d. R.
mit Hilfe der Arbeitslosenquote quantifiziert (Anteil der registrierten Arbeitslosen an der Zahl der
abhängigen Erwerbspersonen), wobei primär von
konjunkturpolitischen Gesichtspunkten ausgegangen
wird. Welche Argumente sprechen dafür, daß in Bezug auf die zu quantifizierende (ökonomische) Ziel-
größe
- die statistische Arbeitslosenquote zu hoch bzw.
- die statistische Arbeitslosenquote zu niedrig ist?

---

bezeichnen, in den folgenden Hauptpunkten, die hier
stichwortartig wiedergegeben sind, zusammen.

Das 'BSP-Konzept':

1) ist ein Produkt der traditionellen mikroökonomi-
   schen und makroökonomischen Theorie,
2) ist ein System der outputorientierten Bewertung
   produktiver Leistungen,
3) vernachlässigt externe Effekte wie 'soziale'
   Kosten und 'soziale' Erträge,
4) berücksichtigt die qualitativen Faktoren der Lei-
   stungs- und Wohlfahrtsentwicklung ('Lebensquali-
   tät') nur unzureichend.

Auf welchen Wegen wird z. Z. versucht, die traditionellen Volkswirtschaftlichen Gesamtrechnungen zu einem
umfassenden System der Leistungs- und Wohlfahrtsmessung auszubauen?

Welches sind derzeit die wichtigsten Ergänzungsrech-
nungen bzs. Spezialrechnungen, die die traditionellen
Volkswirtschaftlichen Gesamtrechnungen ergänzen?

L   6.13

Die statistische Arbeitslosenquote ist zu <u>niedrig</u>,
weil einmal der Nenner zu groß gewählt ist (die Beamten sind bei den abhängigen Erwerbstätigen und bei
den abhängigen Erwerbspersonen erfaßt) und weil zum
anderen die unsichtbare Arbeitslosigkeit in der Zahl
der registrierten Arbeitslosen nicht erfaßt ist
(fehlende Meldung beim Arbeitsamt).

Die statistische Arbeitslosenquote muß aus den folgenden Gründen als zu <u>hoch</u> angesehen werden: neben
der konjunkturellen wird die strukturelle Arbeitslosigkeit registriert, es werden Personen als Arbeitslose erfaßt, die arbeitsunwillig sind, die
lediglich eine Teilzeitbeschäftigung suchen, die
den Anforderungen des Arbeitsmarktes qualitativ
und physisch nicht gewachsen sind, die nach dem Abschluß des Erwerbslebens Arbeitslosengeld beantra-
gen, um anschließend ins Rentenalter einzutreten.

Zusätzlich zu den angeführten Punkten sollten Veränderungen der Erwerbsquote, des Anteils der Gast-
arbeiter, der Kurzarbeit, der Zahl der geleisteten
Überstunden u. ä. betrachtet werden.

L   12.2o

Die wichtigsten (traditionellen) Ergänzungs- bzw.
Spezialrechnungen sind: Input-Output-Tabellen einschl.
Input-Output-Rechnung, Vermögensrechnung, Finanzie-
rungsrechnung, Geldmengenanalyse und Zahlungsbilanzstatistik.

Im Rahmen der neueren Ansätze zum Ausbau der Volkswirtschaftlichen Gesamtrechnung zu einer umfassenden
'sozialen' Gesamtrechnung sind zwei Ansätze zu unterscheiden. Ein Ansatz zielt ab auf die Konstruktion
eines (eindimensionalen) '<u>Wohlfahrtsindikators</u>', der
an die Stelle des Bruttosozialprodukts bzw. des Volks-
einkommens treten soll. Die Erfassungs- und Bewertungs-
schwierigkeiten sind hier allerdings noch größer als
im Rahmen der traditionellen Gesamtrechnung. Ein zweiter Ansatz strebt ein '<u>System von sozialen Indikatoren</u>'
an. Hier sind dann das Bruttosozialprodukt und das
Volkseinkommen lediglich Indikatoren für die marktbe-
wertete Produktion von Gütern und Dienstleistungen.

Hinweis:

A. STOBBE (Volkswirtschaftslehre I - Volkswirtschaftliches Rechnungswesen, 4. Aufl., Berlin,
Heidelberg, New York 1976, S. 14o) schreibt in

194

F 6.14

Die Zahl der offenen Stellen umfaßt alle Vermittlungs-
aufträge von inländischen Arbeitgebern auf Zuweisung
von Arbeitskräften oder Heimarbeitern zur Einstellung
innerhalb der nächsten drei Monate (in der Bundesrepublik Deutschland einschließlich Westberlin).
Dabei wird von einer Arbeitszeit von mindestens einer
Stunde pro Woche ausgegangen. In wieviel Prozent aller
Fälle wird - schätzungsweise - die Vermittlungstätig-
keit der Arbeitsämter in Anspruch genommen:

a) ungefähr 3o %
b) ungefähr 5o %
c) ungefähr 7o % ?

---

diesem Zusammenhang: "Da menschliches Wohlbefinden
eine höchst vielschichtige Angelegenheit ist, gibt
es für die Definition von Sozialindikatoren vorerst
keine Grenze. Gesundheits- und Ausbildungsstand der
Bevölkerung, die Situation am Arbeitsplatz, der Zu-
stand der physischen Umwelt, Kriminalität, soziale
Beteiligungschancen und soziale Sicherheit, Woh-
nungssituation sind nur einige Beispiele von Varia-
blen, für die zunächst Meßvorschriften festgelegt
werden müssen und die dann Sozialindikatoren bilden."

F 12.21

Im Rahmen der Erstellung der Volkswirtschaftlichen Gesamtrechnungen werden Preisindexzahlen berechnet.

a) Nach welchem Verfahren erfolgt die Berechnung?
b) Für welche Größen der Gesamtrechnungen werden Preisindexzahlen zur Verfügung gestellt?
c) Wie ist die Genauigkeit dieser Preisindexzahlen zu
   beurteilen?

L 6.14

Lösung b) ist richtig.

Gegeben sind die folgenden Zahlen der Statistik der
Arbeitsvermittlung:

Jahr	(1) Zahl der reg. Ar- beitslos. (in Tsd.)	(2) Zahl der offenen Stellen (in Tsd.)	(3) (1)./.(2)	(4) (1) : (2) (in %)
1968	324	488	-164	66,4
1969	179	747	-568	24,o
197o	149	795	-598	18,7
1971	185	648	-463	28,5
1972	246	546	-3oo	45,1
1973	274	572	-298	47,9
1974	583	315	+268	185,1
1975	1o74	236	+838	455,1

1) Stellen Sie die Spalten (1) und (2) in dem
   folgenden Koordinatensystem graphisch dar!

L 12,21

a) Die Berechnung erfolgt nach dem Paasche-Verfahren.
b) Da die Preisindizes im Rahmen der Volkswirtschaftlichen Gesamtrechnungen primär zur Deflationierung
   (Preisbereinigung, Berechnung 'realer' Größen) benutzt werden, erfolgt die Berechnung von Preisindexzahlen einmal für die Makrogrößen der Verwendungsrechnung (Privater Verbrauch, Staatsverbrauch, An-
   lageinvestitionen, Einfuhr, Ausfuhr, Bruttosozialprodukt zu Marktpreisen) und zum anderen im Rahmen
   der Entstehungsrechnung für die Beiträge der Wirt-
   schaftsbereiche (Land- und Forstwirtschaft bis
   Dienstleistungsunternehmen) zum Bruttoinlandsprodukt
   zu Marktpreisen.
c) H. BARTELS (Preisindices in der Sozialproduktberech-
   nung, in: Wirtschaft und Statistik 1963, S. 17)
   schreibt in diesem Zusammenhang: "Da die von Preisänderungen zu bereinigenden Größen inhaltlich meist
   nicht die gleichen sind wie bei den üblichen Preisindices, müssen zahlreiche Umrechnungen vorgenommen
   werden. Das kann z. T. nur in gröberer Form gesche-
   hen. Auch liegt nicht für alle Tatbestände gutes
   Preismaterial vor. Das gilt besonders für einen
   Teil der Einkaufspreise und für die meisten Dienstleistungen. ...Trotz aller notwendigen Einschränkungen dürften die Berechnungen aber doch einen

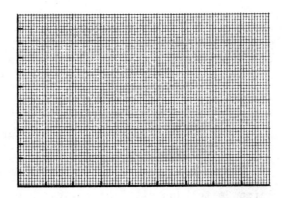

2) Inwieweit kann die Zahl der (registrierten) Arbeitslosen als Indikator für einen Angebotsüberhang und die Zahl der (registrierten) offenen
   Stellen als Indikator für einen Nachfrageüberhang auf dem Arbeitsmarkt benutzt werden?

3) Interpretieren Sie die Spalten (3) bzw. (4)!

----

einigermaßen guten Anhaltspunkt über Richtung,
Struktur und in etwa auch das Ausmaß der Preisveränderungen geben."

F   12.22

Gegeben sind die folgenden fiktiven Werte der Zentral-
matrix einer Input-Output-Tabelle mit 3 Sektoren.

Sektor	1	2	3
1	6	o	8
2	4	1	5
3	o	o	1

Die Bruttoproduktionswerte der Sektoren betragen:
1: 15, 2: 12 und 3: 16.

Berechnen Sie:

a) die Matrix der Input-Koeffizienten,
b) die Matrix der Output-Koeffizienten,
c) die triangulierte Vorleistungsmatrix.

2) Die Zahl der Arbeitslosen ist wegen der definitions-
und registrationsbedingten Erfassungsschwierigkeiten
nur als grober Indikator für einen Angebotsüberhang
auf dem Arbeitsmarkt zu gebrauchen. Wird auf der
einen Seite die Arbeitslosenzahl zu niedrig ausgewiesen (Meldung beim Arbeitsamt!), so zeigen auf der
anderen Seite die Zahlen, daß auch in der Hochkonjunktur (1969/7o) die Arbeitslosenzahl wegen struk-
tureller u. a. Anpassungen nicht ihr rechnerisches
Minimum von Null erreicht. Ebenso ist die Zahl der
offenen Stellen nur als grober Indikator für einen
Nachfrageüberhang auf dem Arbeitsmarkt anzusehen,
da ca. 5o % der Gesamtnachfrage nach Arbeitskräften
sich nicht bei den Arbeitsämtern niederschlägt. Auf
der anderen Seite kann die Zahl der durch die Betriebe gemeldeten offenen Stellen vorsorglich über-
höht sein. Die angeführten Zahlen zeigen, daß auch
in der Hochkonjunktur ein gewisser 'Sockel' an
offenen Stellen ausgewiesen wird, der primär durch
die Fluktuation von Arbeitskräften (Ersatznachfrage)
und qualitative Anforderungen an die Arbeitskräfte
bedingt ist (vgl. auch F 6.13).

L 12.22

a)

	1	2	3
1	o,4o	o	o,5o
2	o,27	o,08	o,31
3	o	o	o,c6

c)

	1	2	3
1	1	4	5
2	o	6	8
3	o	o	1

b)

	1	2	3
1	o,4o	o	o,53
2	o,33	o,08	o,42
3	o	o	o,06

Mit Hilfe der Matrix der Input-Koeffizienten lassen
sich Aussagen über die Kostenstruktur machen, mit Hilfe
der Matrix der Output-Koeffizienten über die Absatz-
struktur. Die triangulierte Vorleistungsmatrix ordnet
die Produktionsbereiche in bezug auf ihre (Vorleistungs-)
Abhängigkeit von anderen Sektoren.

3) Die Gegenüberstellung der Zahl der Arbeitslosen und
   der Zahl der offenen Stellen sollte vermieden werden,
   weil es sich nach dem definitorischen und methodischen Vorgehen um nicht vergleichbare Größen handelt.

F 6.16

Das Ausmaß der Erwerbsbeteiligung der Bevölkerung wird
i. d. R. durch die Berechnung von 'Erwerbsquoten' beschrieben. Dabei stehen die folgenden Definitionen (jeweils für Inländer, Ausländer sowie Männer und Frauen)
im Mittelpunkt des Interesses:

1) 'herkömmliche' Erwerbsquote: Erwerbspersonen · 1oo / Wohnbevölkerung
2) Potentialerwerbsquote: Erwerbspersonen · 1oo / Wohnbevölkerung im Alter von 15 bis 65 Jahren

Welcher der beiden Definitionen sollte in der kurzfristigen (konjunkturellen) Analyse der Vorzug gegeben
werden?

Literatur: ABELS, H., Wirtschaftsstatistik, Köln
und Opladen 1976, S. 116 - 117.

F 12.23

Welche der folgenden Behauptungen (Sätze), die sich
auf die derzeitigen Volkswirtschaftlichen Gesamtrechnungen für die Bundesrepublik Deutschland (VGR) beziehen sind richtig bzw. falsch?

	richtig	falsch
a) In der VGR werden grundsätzlich nur Bestandsgrößen betrachtet.		
b) Das Bruttosozialprodukt zu Markt-preisen betrug 1975 1oo Mrd. DM.		
c) Der Anteil des Privaten Ver-brauchs am Bruttosozialprodukt zu Marktpreisen beträgt etwa 55%.		
d) Die Ersparnis aller Sektoren ist ein vermögenswirksamer Strom.		

(Forts.n.S.)

Das Ausmaß der Erwerbsbeteiligung der Bevölkerung ist grundsätzlich von den folgenden Faktoren abhängig:

a) von der Zahl der Personen im erwerbsfähigen Alter (Arbeitspotentioal: 15 bis 65 Jahre)

b) von dem Ausmaß des Einsatzes ('Mobilisierung') des Arbeitspotentials (Erwerbsbeteiligung i. e. S.)

c) vom Verhältnis der Geschlechter, da Frauen i. d. R. weniger stark am Erwerbsleben beteiligt sind als Männer

d) von der Zahl der ausländischen Arbeitskräfte.

Die Punkte c) und d) spielen bei der Unterscheidung der beiden Definitionen nur eine untergeordnete Rolle.

In der Definition 1) werden die Punkte a) und b) (Veränderung der Altersstruktur und der Erwerbsbeteiligung) gleichzeitig berücksichtigt. Da die Definition 2) primär das Ausmaß der 'Mobilisierung' des Arbeitspotentials beschreibt, sollte ihr in der kurzfristigen (konjunkturellen) Analyse der Vorzug gegeben werden!

---

	richtig	falsch
e) Die Mehrwertsteuer zählt nicht zu den indirekten Steuern.	☐	☐
f) Preisindizes für die Verwendungsseite der VGR werden nach dem Paasche-Verfahren berechnet.	☐	☐
g) In den VGR werden nur Marktvorgänge nachgewiesen.	☐	☐
h) Die Vermietung einer bisher vom Eigentümer genutzten Wohung erhöht das Bruttosozialprodukt.	☐	☐
i) Das Bruttosozialprodukt steigt, wenn der Staat die durch die Produktion eines Unternehmens verursachte Umweltverschmutzung beseitigt.	☐	☐
j) Der Sektor Private Haushalte (im engeren Sinn) bezieht nur Einkommen aus unselbständiger Arbeit und Einkommen aus Unternehmertätigkeit und Vermögen.	☐	☐

Die Erwerbsquote stellt eine (relative) Kennzahl zur Beschreibung der Erwerbsbeteiligung der Bevölkerung dar. Dabei wird i. d. R. die Zahl der Erwerbspersonen in Prozent der Wohnbevölkerung ausgedrückt. Welche der folgenden Zahlenangaben (Größenordnungen für die Bundesrepublik Deutschland, Mai 1975, ohne Erwerbspersonen unter 15 Jahren) sind richtig?

a) Die Erwerbsquote der Männer beträgt:

(1) 74,5%   (2) 49,3%   (3) 99,1%.

b) Die Erwerbsquote der Frauen beträgt:

(1) 17,9%   (2) 38,8%   (3) 71,5%.

c) Die Erwerbsquote der Männer im Alter von 35 bis zu 4o Jahren beträgt:

(1) 8o,3%   (2) 69,9%   (3) 98,2%.

d) Die Erwerbsquote der (verheirateten) Frauen im Alter von 4o bis zu 45 Jahren beträgt:

(1) 46,5%   (2) 2o,3%   (3) 15,1%.

e) Die Erwerbsquote der ledigen Frauen beträgt:

(1) 8o,1%   (2) 39,3%   (3) 57,6%.

	richtig	falsch
k) Die in den VGR nachgewiesenen Erwerbs- und Vermögenseinkommen stellen Einkommen aus der Beteiligung am Produktionsprozeß dar.		
l) Die ausländischen Gastarbeiter zählen nicht zu den Inländern im Sinne der VGR.		
m) Der Junggeselle M. heiratet seine Köchin: Das Bruttosozialprodukt zu Marktpreisen steigt an!		
n) Der Außenbeitrag in den VGR ist wie folgt definiert: Ausfuhr von Waren und Dienstleistungen ./. Einfuhr von Waren und Dienstleistungen.		
c) Die gesamtwirtschaftliche Konsumquote ist wie folgt definiert: (Privater Verbrauch/Bruttosozialprodukt zu Marktpreisen) · 1oo.		
p) Das Volkseinkommen umfaßt die in der Inlandsproduktion entstandenen Erwerbs- und Vermögenseinkommen.		

L 6.17

Richtig: a): 1); b): 2); c): 3); d): 1); e): 3).

Hinweis:

WAGENFÜHR, R. (Wirtschafts- und Sozialstatistik, Band 1, Freiburg i.B. 1970, S. 82) schreibt in diesem Zusammenhang: "Die Bruttoaktivitätsrate (in der Statistik der BRD einfach 'Erwerbsquote' genannt) ist ... (definiert als) ... Anzahl der Tätigen (im Sprachgebrauch der BRD die 'Erwerbspersonen'), d. h. also die Summe der Erwerbstätigen und der Erwerbslosen, in Prozenten der Gesamtbevölkerung (Wohnbevölkerung) ... . Diese Angabe ist ... sehr grob, weil zwischen einzelnen Bevölkerungsgruppen erhebliche Unterschiede im Grad der Teilnahme am Wirtschaftsprozeß bestehen. Diese Unterschiede betreffen einmal das Geschlecht: 1961 betrug die Bruttoaktivitätsrate in der BRD bei den Personen männlichen Geschlechts 63,9%, bei den Frauen aber nur 33,4%. ... Hinzu kommt der Unterschied der Raten nach dem Alter. In ganz jungen Jahren (13 bis unter 15 Jahre) ist die Beteiligung sehr gering (2,4 bis 2,6%). Sie wächst sprunghaft bis zu den Altersjahren 30 bis 35 bei den Männern (Aktivitätsrate 98,3%), sinkt sehr langsam bis zu der Gruppe der 60 bis 65jährigen ab,

L 12.23

Falsch: a), b), e), g), h), j), l), m), n), p).

Richtig: sonst.

Hinweis:

a) In den VGR i. e. S. werden nur Stromgrößen betrachtet, in den Volksvermögensrechnungen, der konsolidierten Bilanz des Bankensystems auch Bestandsgrößen.

.b) etwa 1000 Mrd. DM.

e) Indirekte Steuern sind alle bei der Gewinnermittlung abzugsfähigen Steuern und ähnliche Abgaben.

g) Da die VGR einen Kompromiß zwischen der Rechnungslegung für eine abgelaufene Periode und der Leistungsmessung ('Wohlfahrtsmessung') anstreben, werden neben den Marktvorgängen auch 'unterstellte Transaktionen' betrachtet. Dies ist in der Regel der Fall, wenn Produzent und Verbraucher identisch sind.

h) Wenn Haushalte in ihren eigenen Häusern (oder Wohnungen) wohnen, wird eine fiktive (ortsübliche) Miete unterstellt (Konsumausgabe und gleichzeitig Erfassung als Einkommen).

geht dann aber rasch zurück. Bei den Frauen wird
das Maximum der Rate bei 15 bis unter 2o Altersjahren erreicht (78,2%). Nach Geburt der Kinder
folgt ein zweiter Anstieg ab 35 bis 4o Altersjahren (bis 46,3%); er erreicht aber nicht wieder das
Maximum von 78,2% ... . Bezieht man bei den Frauen
noch den Familienstand ein, so wird man sehen, daß
ledige Frauen (Beispiel BRD, 1961) mit 3o bis 35
Jahren die höchste Aktivitätsrate erreichen, daß
die Quoten der Beteiligten am Erwerbsleben aber
nur sehr langsam absinken. Die verheirateten zeigen einen ersten Höchststand der Rate mit 15 bis
25 Jahren, einen weiteren mit 4o bis 45 Jahren;
bei den verwitweten und geschiedenen wird ein Maximum mit 2o bis 25 Jahren (Frühehen!) und ein zwei-
tes mit 4o bis 45 Jahren verzeichnet."

Häufig wird bei der Bildung von 'globalen' Erwerbsquoten im Nenner nicht die gesamte Wohnbevölkerung,
sondern nur die Wohnbevölkerung im erwerbsfähigen
Alter (15 bis 65 Jahre) benutzt. Bei zeitlichen
Vergleichen ist aber auch hier die Veränderung des
Altersaufbaus der Bevölkerung (etwa durch Standardi-
sierung) zu berücksichtigen.

j) Zusätzlich Laufende Übertragungen und Vermögensübertragungen.

1) Zu den Inländern der VGR zählen alle natürlichen
Personen mit dem Wohnsitz in der Bundesrepublik
Deutschland (nicht Angehörige ausländischer Streit-
kräfte und diplomatische Vertretungen) und alle
anderen Wirtschaftssubjekte, wenn (unabhängig von
Nationalität und Eigentumsverhältnissen) der
Schwerpunkt der wirtschaftlichen Tätigkeit im
Inland liegt.

m) Sinkt, da der vorher gezahlte Lohn entfällt.

n) Zu addieren sind noch die aus dem Ausland erhaltenen Erwerbs- und Vermögenseinkommen, abzuziehen
sind die an das Ausland geleisteten Erwerbs- und
Vermögenseinkommen.

p) Die Definition trifft auf die Wertschöpfung (Nettoinlandsprodukt zu Faktorkosten) zu. Ausgehend von
dieser Abgrenzung ergibt sich das Volkseinkommen
(Nettosozialprodukt zu Faktorkosten) nach Addition
der aus dem Ausland erhaltenen Erwerbs- und Vermögenseinkommen und nach Abzug der an das Ausland
geleisteten Erwerbs- und Vermögenseinkommen. Das
Volkseinkommen umfaßt demnach alle den Inländern
letztlich zugeflossenen Einkommen.

Abels, H.:   Wirtschaftsstatistik,
                              Köln und Opladen 1976.

Esenwein-Rothe, I.:   Allgemeine Wirtschaftsstatistik -
                              Kategorienlehre, 2. Aufl.,
                              Wiesbaden 1969.

Esenwein-Rothe, I.:   Die Methoden der Wirtschafts-
                              statistik
                              Band 1, Göttingen 1976
                              Band 2, Göttingen 1976

Hüttner, M.:   Grundzüge der Wirtschafts- und
                              Sozialstatistik.
                              Wiesbaden 1973.

Kuchenbecker, H.:   Grundzüge der Wirtschaftsstati-
                              stik, 2. Aufl.
                              Herne und Berlin 1973

v.d.Lippe, P.:   Wirtschaftsstatistik
                              2. Aufl.
                              Stuttgart und New York 1977

Stobbe, A.:   Volkswirtschaftslehre 1: Volks-
                              wirtschaftliches Rechnungswesen,
                              4. Aufl.,
                              Berlin, Heidelberg und
                              New York 1976

Wagenführ, R.,:   Wirtschafts- und Sozialstatistik
                              gezeigt am Beispiel der Bundes-
                              republik Deutschland:
                              Band 1: Produktionsweise und
                                      güterwirtschaftliche Re-
                                      produktion
                                      Freiburg i. B. 197o,
                              Band 2: Einkommen und finanzielle
                                      Ströme. Der Gesamtprozeß
                                      und seine Effizienz.
                                      Freiburg i. B. 1973.

R e g i s t e r

(die eingeklammerten Seitenangaben verweisen auf den unteren Buchteil)

Abhängig Beschäftigte 181, 191

Absatz s. Umsatz

Abschneideverfahren 95, 99, 1o2, 114, 158, 164,(64)

Abschreibungen 119, 121, (162, 164)

Abweichung

- durchschnittliche 34

- mittlere quadratische 34

- Standard- 34, 38, (52, 89, 124)

Adäquationsproblem 1o5

Additionsmethode 125, (167)

Aktienindex (142, 145, 146)

Allgemeine Konjunkturlage (132)

Amtliche Statistik

- Aufgabe 75

- Organisation 71

- Erhebungen 71

- nicht- 75

Angestellte 181

Annullierung 161

Anteil des Auftragseingans am Umsatz 165

Arbeiter 181, (24, 4o)

Arbeitsstunden (4o)

Arbeitnehmerquote (17o)

Arbeits-

- amt 195

- förderungsgesetz 188

- kräftepotential 172

- lose (Zahl der-) 187, 189, 19o, 191, 196

- losenquote 171, 191, 193

- marktstatistik 97, 187

- produktivität (39)

- stättenzählung 169

Arithmetisches Mittel 18, 22, 31, 66, 166, (68, 124)

Aufbereitung des Datenmaterials 76, 1o9

Auftragsbestand (-statistik)   152
Auftragseingang (-statistik)   81, 97, 152, 16o
Ausfuhr (6o, 87, 192)
- aus Lager (54, 61, 75)
- direkte (54, 61, 75)
Auskunftspflicht 75
Ausland (53)
Ausreißer, statistischer 19, 22
Ausschaltung von Qualitätsänderung (99)
Außenbeitrag (174, 191, 2o1)
Außenhandels-
- entwicklung (53)
- statistik 81, 97, 99, (53, 57, 145)
- volumen (71, 79)
- werte (79)
Außenwirtschaft (132)

Bankenstatistik (144)
Bargeldumlauf (175)
Basis (-zeitraum, -periode, -jahr, -wert, -ge-
  wichtung) 4o, 47, 48, 138, (24, 46, 12o)
Bauspargeschäft (133)
Beamte (181, 191)
Berichtsperiode 48
Beschäftigte (Zahl der -n) 169, 181, (27, 4o, 171)
Beschäftigten-
- statistik (neue) 169, 192
- stunden (4o)
Beschäftigungsortkonzept 186
Bestands-
- masse 87
- größe (199)
- veränderungen 119, 121
Beteiligtenkonzept 91 (122)
Betrieb 114, 158, 167
Bewegungskomponenten (s. Zeitreihen)
Bewegungsmasse 87
Beziehungszahlen 1o, 15

Establishment (s. Fachlicher Betriebsteil)

Exporte (s. Ausfuhr)

Fachlicher Betriebsteil 114

Fachlicher Unternehmensteil 114

Fachliche Zentralisierung 77

Fachserien 1o3

Faktorkosten (16o)

Familienangehörige, mithelfende 181

Fechner, Lageregel 32

Fehler-

- fortpflanzung (12o)

- quellen 11o

- relativer 1o7, 163, (99, 111, 12o, 187)

Finanzierungs-

- konto (179)

- rechnung (194)

fob (free on board) (7o, 86, 145)

Fortschreibung 47, 88, 138

Frühindikatoren (52)

Gebietskörperschaften (148)

Geheimhaltungspflicht 75

Geld-

- marktsätze (133, 145)

- menge (s. Geldvolumen)

- volumen (134, 137, 141, 194)

- wert(stabilität) (s. Preisstabilität)

Generalhandel (6o, 64, 75, 86, 112)

Generalindex 61, 145

Geometrisches Mittel 18, 22, 26, 31, (128)

Gesamtrechnung

- bankstatistische (132, 139)

- volkswirtschaftliche (s. Volkswirtschaftliche Gesamtrechnung).

Realeinkommen (33)

Regionale Dezentralisierung 77, 81
Rentabilität (37)
Rentenformel (35)
Reservesatz (122)
Restgröße 1o3, (18)

Restkomponente 65
Roh-, Hilfs- und Betriebsstoffe 119, 121
Rundungsfehler 1o3

Sachverständigenrat 72
Saison (-bereinigung) 65, (145)
Saldiermethode 125, (167)
Sektoren (148)
- bildung (-gliederung) (178)
Sekundärstatistik 95, 97, (15)
Selbständige 181
Selbsterstelle Anlagen 119, 121
Sichteinlagen (135)
Skalen
- Intervall- 82
- Nominal- 82
- Ordinal- 27, 82
- Rational- 82
Sozialversicherung (148)
Spannweite 34

Spareinlagen (135)
Spezialhandel (6o, 63, 69, 75, 79, 86)
Subtraktionsmethode 125, (167)
Subventionen 119, 121, (164)
Systematik(en) 88, 92
Systematisches Verzeichnis 1o3, 137, (66, 121)

Schatzwechselbestände (133)
Schwerpunktprinzip 9o, 112, 137, 148, 156, (2o3)

Transaktionen
- ökonomische (155)
- unterstellte (153, 154)
Transferzahlungen (s. Übertragungen)
Trend 65, 68
Triangulation (197)
Typische Auswahl 95, 99, (92, 97, 1o4, 12o)

Übertragungen
- laufende (151, 153, 2o3)
- Vermögens- (151, 2o3)
Überstunden 194
Umbasierung (13o)
Umsatz 153
- anteil 52
- Einzelhandels- (133)
- Gesamt- (125)
- Inlands- und Auslands- (125)
- wirtschaftlicher 12o, 142, 155
Umsatzsteuerstatistik 152
Umverteilung (s. Einkommensumverteilung)
Unterhaltungskonzept 172, 175, 177, 179, 183
Unternehmen 114, 167, (148)
Unternehmens-
- erhebung 153
- konzept 158

Variationskoeffizeint 35, 38
Veränderungsraten im Vorjahresvergleich (s. Wachstums-
  raten)
Veränderungszahlen 1o
Verarbeitende Industrie 93, 152
Verarbeitendes Gewerbe 93, 116
Verbrauch (174)
- privater (175, 191)
- Staats- (174, 191)
- sgüterindustrien 94, 146, 152